本書係「校學術著作出版基金項目」
（項目編號：2015xcb06）成果

# 安徽師範大學圖書館藏
# 古籍善本目錄

安徽師範大學圖書館古籍部／編

國家圖書館出版社

**圖書在版編目(CIP)數據**

安徽師範大學圖書館藏古籍善本目録/安徽師範大學圖書館古籍部編. —北京:國家圖書館出版社,2020.9

ISBN 978-7-5013-6829-7

Ⅰ.①安… Ⅱ.①安… Ⅲ.①院校圖書館—古籍—善本—圖書館目録—蕪湖 Ⅳ.①Z822.6

中國版本圖書館 CIP 數據核字(2019)第 155160 號

**書　　名**　安徽師範大學圖書館藏古籍善本目録
**著　　者**　安徽師範大學圖書館古籍部　編
**責任編輯**　趙　嫄
**責任校對**　霍　瑋　喬　爽
**封面設計**　一瓢工作室

---

**出版發行**　國家圖書館出版社(北京市西城區文津街 7 號　100034)
(原書目文獻出版社 北京圖書館出版社)
010-66114536　63802249　nlcpress@nlc.cn(郵購)
**網　　址**　http://www.nlcpress.com
**排　　版**　京荷(北京)科技有限公司
**印　　裝**　河北三河弘翰印務有限公司
**版次印次**　2020 年 9 月第 1 版　2020 年 9 月第 1 次印刷

---

**開　　本**　787×1092(毫米)　1/16
**印　　張**　14.5
**字　　數**　200 千字
**書　　號**　ISBN 978-7-5013-6829-7
**定　　價**　160.00 圓

---

# 編纂委員會

**主　編:** 方　青

**副主編:** 劉和文　張霞雲

**編　委:** 劉和文　張霞雲　江增華　康　琳

董家魁　朱　敏　李永卉

# 前　言

安徽師範大學有着悠久的辦學歷史。其前身爲1928年創建于安慶市的省立安徽大學,1946年更名爲國立安徽大學,1949年12月成建制遷至蕪湖。後又經歷安徽師範學院、合肥師範學院、皖南大學、安徽工農大學等幾個辦學階段。1972年,經國務院批准,正式定名爲安徽師範大學。

在近百年的辦學歷史中,我校圖書館通過政府轉交、民間收集、書店采購、個人捐贈等主要途徑,積纍了豐富的古籍文獻資源,有過艱苦卓絶的古籍保護經歷。尤其在抗戰時期,省立安徽大學校長李順卿等諸位學者冒着生命危險,輾轉多地,將學校圖書館的古籍文獻從安慶裝船,由沙市遠大源記運輸公司運至湖北沙市,然後將一部分圖書運至湖南安化藍田,交由國立師範學院代管,大部分圖書轉交重慶國立編譯館,當時轉移保存的中文綫裝圖書共42箱3938函。1946年10月國立安徽大學重新建校,當時兼任圖書館主任的熊毓文受命趕赴重慶,要求國立編譯館歸還所借圖書雜志。經協商,重慶國立編譯館歸還了中外文圖書32995册,其中名貴典籍散失甚多。烽火已往,度盡劫波,書劫平静後的國立安徽大學圖書館倍加重視圖書資源的補救和建設,一方面派人到桐城、徽州等地大量收購古舊書籍;同時,又從屯溪書店買進了大批徽州文書。慶幸的是,1952年全國高校院系調整,一批珍貴的古籍文獻被劃撥到我館,其中就包括相當數量的愚齋藏書,内有"同文版"《古今圖書集成》一套,是現存規模最大、資料最豐富的類書。

經過多年的積纍,我校圖書館古籍文獻形成規模,藏書數量和藏書質量在安徽省高校圖書館中居于上乘,現有古籍總量達19萬册,2009年被國家文化部授予"全國古籍重點保護單位"稱號。迄今爲止,已有25部館藏古籍入選《國家珍貴古籍名録》,37部古籍入選《安徽省珍貴古籍名録》。館藏善本古籍有600餘種8000餘册,它們以年代的久遠、質量的精良和傳世的稀少而顯得彌足珍貴,其中不乏海内珍本,如明初刻本《洪武正韻》十六卷爲國内所存該書刻本的唯一完帙,明正德元年(1506)刻增修本《闕里志》二十四卷係該書最早刻本,元至正八年(1348)建安劉叔簡日新堂刻本《春秋胡氏傳纂疏》三十卷、清乾隆内府抄本《御撰資治通鑑綱目三編》四十卷等均爲重要版本。它們在繁榮我校人文學科建設、服務教學科研方面發揮了重要作用。

開展古籍整理是當前古籍保護的一項重要工作,是繼承和發揚優秀傳統文化的重要措施,也是古籍工作者的責任和擔當。我館繼 2016 年出版《安徽師範大學圖書館古籍普查登記目録》之後,爲進一步反映館藏善本的收藏情況、揭示館藏善本的書目信息,組織人員編製新的古籍善本書目。本次新編《安徽師範大學圖書館藏古籍善本目録》共收善本古籍 605 部 8000 餘册,其中經部 63 部、史部 147 部、子部 87 部、集部 302 部、叢書 6 部。

舊籍茫茫,研究辛苦,本目録的出版絶非一人之功,其中凝聚了諸多館中前輩的心血。本書編纂過程中,我校文史專業部分研究生(助理館員)曾參與相關整理,書稿由華東師範大學彭國忠教授審定,在此向他們致以誠摯的謝意。

希望本書的出版能够便利有需求的讀者,讓更多專家學者能利用我們的館藏。同時,由于編者水平有限,錯訛之處在所難免,敬請讀者諸君批評指正。

本書編委會
2019 年 10 月

# 編 例

**收録範圍:**

一、清乾隆六十年(1795)以前刻印抄寫的古籍。包括刻本、稿本、抄本、批校題跋本、活字印本、套印本等。

二、清嘉慶元年(1796)至辛亥革命以前的稿本、抄本、批校題跋本、流傳較少且文獻史料價值較高的刻本等。

三、域外刻印的綫裝漢籍,包括日本和朝鮮刻本。

**分類與編排:**

分類參照《全國古籍普查登記平臺分類標準》并有所調整,如類書依然歸入子部。分經、史、子、集、叢五部,并依類目次第排列。同時依據館藏實際情況對具體細目酌情調整,予以適宜編排。

**内容與體例:**

一、著録款目包括:書名卷數、著者、版本、册數、存(缺)卷、行款、版式、版框及開本尺寸、序跋、牌記、刻工、鈐印、批校題識、備注、索書號等。書名、著者名有缺、參照其他内容補拟的,加方括號以示區别。

二、書名基本依據原書書影客觀著録,其他文字基本使用規範繁體字。

三、每部書中的序跋,基本按其在原書中的順序依次著録。序跋時間按照原書著録,原書無時間則不著録。

四、本目録末附書名筆畫索引,以便讀者使用。

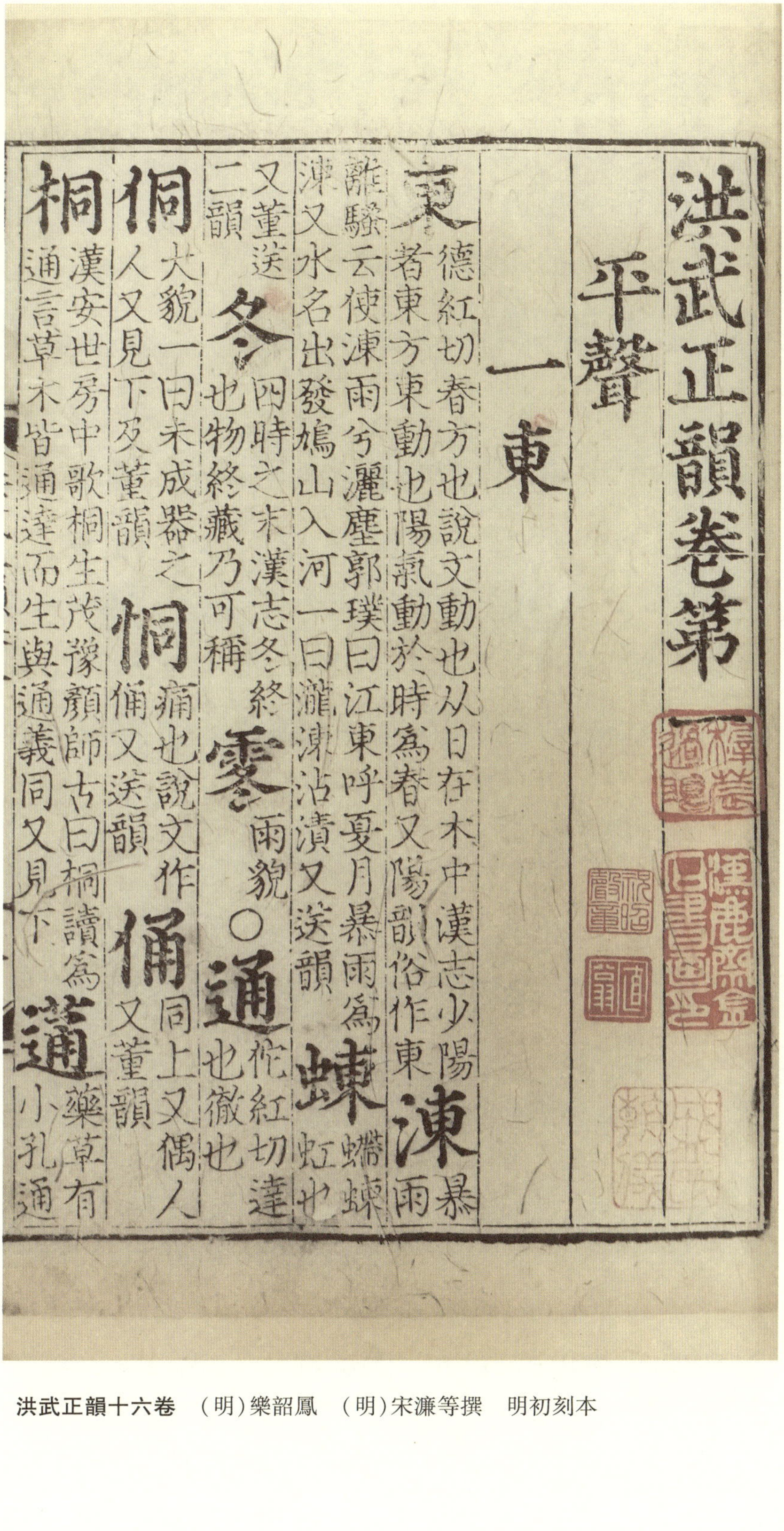

洪武正韻卷第一

平聲

一東

東 德紅切春方也說文動也从日在木中漢志少陽者東方東動也陽氣動於時爲春又陽韻俗作東 凍 暴雨離騷云使凍雨兮灑塵郭璞曰江東呼夏月暴雨爲涷又水名出發鳩山入河一曰瀧涷沾漬又送韻 蝀 螮蝀虹也又董送二韻 冬 四時之末漢志冬終也物終藏乃可稱 霘 雨貌 ○ 通 他紅切達也徹也 侗 大貌一曰未成器之人又見下及董韻 恫 痛也說文作侗又送韻 俑 同上又偶人又董韻 桐 漢安世房中歌桐生茂豫顏師古曰桐讀爲通言草木皆通達而生與通義同又見下 蓪 藥草有小孔通

洪武正韻十六卷　（明）樂韶鳳　（明）宋濂等撰　明初刻本

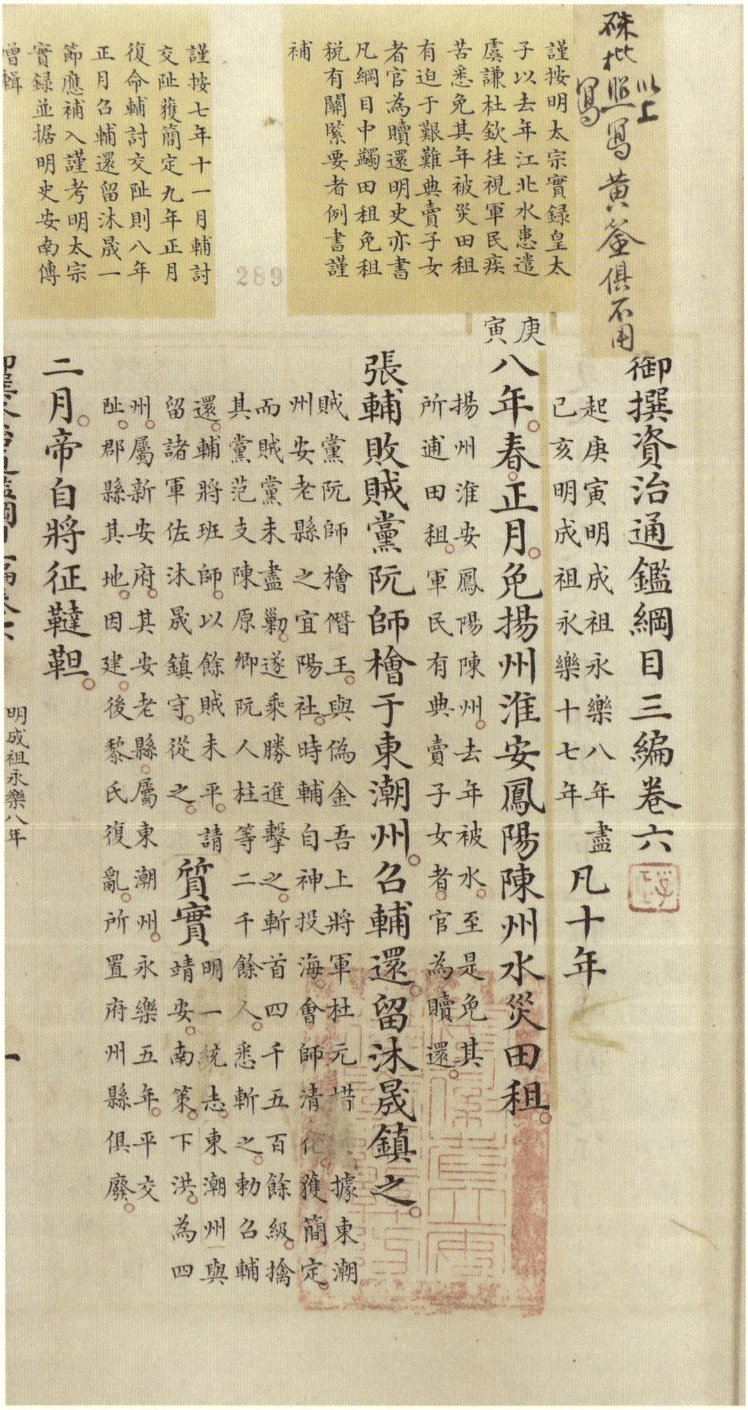

硃批照寫 以上黄簽俱不用

御撰資治通鑑綱目三編卷六

起庚寅明成祖永樂八年盡己亥明成祖永樂十七年凡十年

謹按明太宗實録皇太子以去年江北水患遣虞謙杜欽往視軍民疾苦悉免其年被災田租有迫于艱難典賣子女者官為贖還明史亦書凡綱目中蠲田租免租稅有關緊要者例書謹補

庚寅 八年春正月免揚州淮安鳳陽陳州水災田租

揚州淮安鳳陽陳州去年被水至是免其所逋田租軍民有典賣子女者官為贖還

張輔敗賊黨阮師檜于東潮州名輔還留沐晟鎮之

賊黨阮師檜僭王與偽金吾上將軍杜元措據東潮州安老縣之宜陽社時輔自神投海會師清化獲簡定而賊黨未盡勦遂乘勝進擊之斬首四千五百餘級擒其黨范支陳原卿阮人柱等二千餘人悉斬之勅名輔還輔將班師以餘賊未平請留諸軍佐沐晟鎮守從之

質實 明一統志東潮州與靖安南策下洪為四州屬新安府其安老縣屬東潮州永樂五年平交趾郡縣其地因建後黎氏復亂所置府州縣俱廢

二月帝自將征韃靼

謹按七年十一月輔討交趾獲簡定九年正月復命輔討交趾則八年正月名輔還留沐晟一節應補入謹考明太宗實録並據明史安南傳增輯

御撰資治通鑑綱目三編卷六 明成祖永樂八年 一

御撰資治通鑑綱目三編四十卷 （清）張廷玉等纂 清乾隆内府抄本

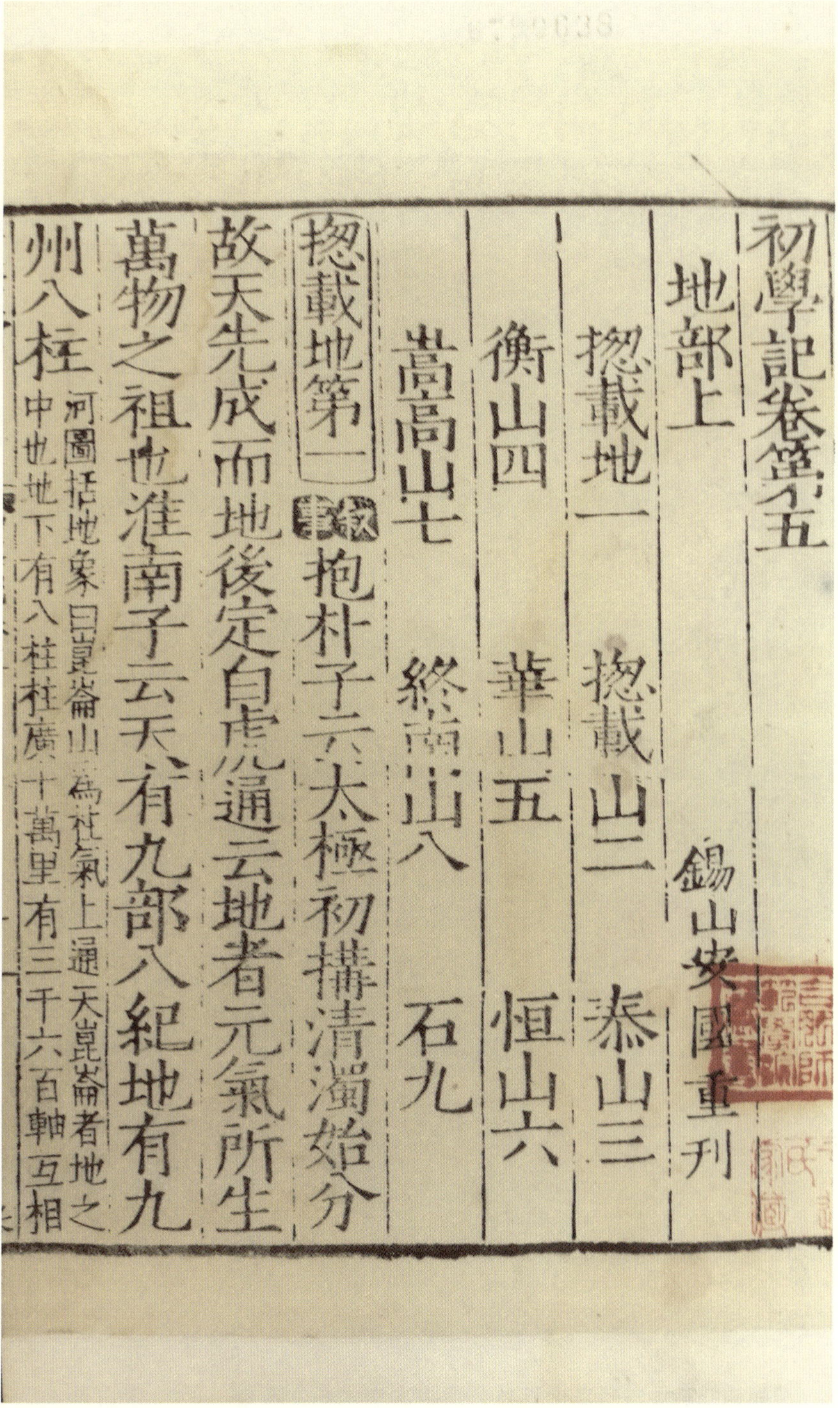
初學記卷第五
地部上
錫山安國重刊
揔載地一　揔載山二　泰山三
衡山四　華山五　恒山六
嵩高山七　終南山八　石九
揔載地第一
敘事 抱朴子云太極初構清濁始分故天先成而地後定白虎通云地者元氣所生萬物之祖也淮南子云天有九部八紀地有九州八柱 河圖括地象曰崑崙山為柱氣上通天崑崙者地之中也地下有八柱柱廣十萬里有三千六百軸互相

**初學記三十卷**　（唐）徐堅等撰　明嘉靖十年（1531）錫山安國桂坡館刻本

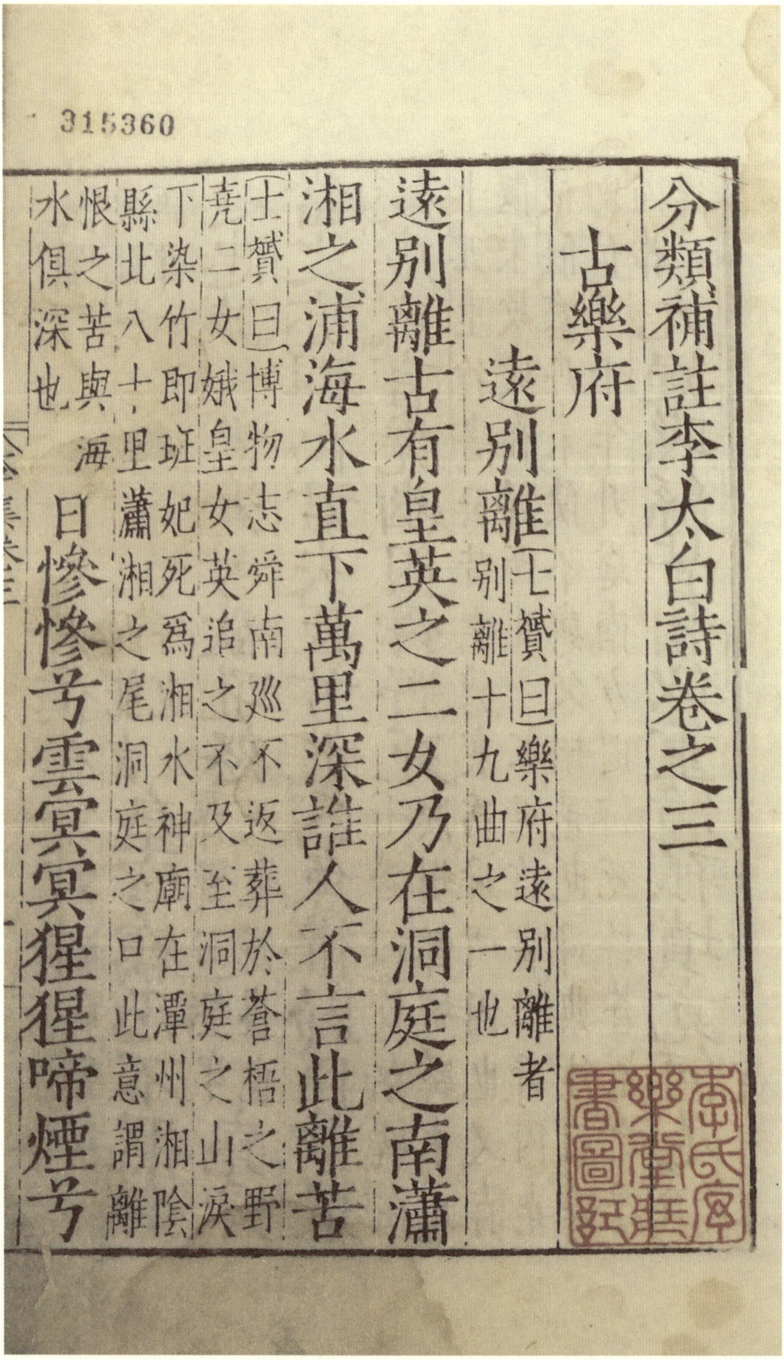


分類補註李太白詩卷之三

古樂府

遠別離（士贇曰）樂府遠別離者別離十九曲之一也

遠別離古有皇英之二女乃在洞庭之南瀟湘之浦海水直下萬里深誰人不言此離苦（士贇曰）博物志舜南巡不返葬於蒼梧之野堯二女娥皇女英追之不及至洞庭之山淚下染竹即斑妃死爲湘水神廟在潭州湘陰縣北八十里瀟湘之尾洞庭之口此意謂離恨之苦與海水俱深也日慘慘兮雲冥冥猩猩啼煙兮

**分類補註李太白詩二十五卷分類編次李太白文五卷**　(唐)李白撰　(宋)楊齊賢集注　(元)蕭士贇補注　明嘉靖吴會郭雲鵬刻本(卷十九配抄補一頁)

# 目　録

# 經　部

## 群經總義類

001

**公是先生七經小傳三卷**

(宋)[劉敞]撰

抄本

一册(一函)

十行二十三至二十四字不等,小字雙行十六字

框高 20 厘米,寬 14 厘米;開本高 24.3 厘米,寬 16.5 厘米

□□《序》(殘缺)

鈐有"愚齋圖書館藏"朱文方印、"國立交通大學圖書館藏"朱文長方印

備注:每卷末題有"後學成德校訂"。

經 1(2)/7298

002

**六經圖二十四卷**

(清)鄭之僑編

清乾隆九年(1744)刻本

十二册(二函)

九行二十一字

白口,單魚尾,四周雙邊

框高 21 厘米,寬 14.5 厘米;開本高 28.1 厘米,寬 16.8 厘米

鄭之僑《序》[清乾隆八年(1743)]

雷鋐《序》[清乾隆九年(1744)]

版心鎸有"述堂"二字

書名頁鎸"乾隆九年鎸/六經圖/後學潮陽鄭之僑東里編輯"

經 1(2)/8732

## 書　類

003

**尚書古文疏證八卷**

(清)閻若璩撰

**附朱子古文書疑不分卷**

(清)閻咏輯

清乾隆十年(1745)眷西堂刻本

八册(無函套)

行數字數不等,小字雙行二十字

白口,單魚尾,左右雙邊

框高 19 厘米,寬 14.5 厘米;開本高 25.3 厘米,寬 16 厘米

黄宗羲《序》

閻咏《序》[清康熙四十三年(1704)]

閻學林《識》
鍾靈《跋》[清乾隆十年(1745)]
閻學林《識》[清乾隆八年(1743)]
版心鎸"眷西堂"
鈐有"積學齋徐乃昌藏書"朱文長方印

經12/7741

004

**尚書集註音疏十二卷末一卷外編一卷**

(清)江聲撰并書
清乾隆五十八年(1793)近市居刻本
十二册(二函)
十行十四字,小字雙行二十一字
白口,無魚尾,左右雙邊
框高17.6厘米,寬13.1厘米;開本高24.5厘米,寬16.1厘米
江聲《募刊尚書小引》[清乾隆五十八年(1793)]
書名頁鎸"尚書集注音疏/疏通知遠而不誣 □□□藏板"
備注:江聲自寫篆體。

經12/3147

## 詩 類

005

**毛詩註疏二十卷**

(漢)鄭玄箋 (唐)孔穎達疏
明崇禎三年(1630)汲古閣刻本
十六册(二函)
九行二十一字,小字雙行同
白口,無魚尾,左右雙邊
框高18厘米,寬12.5厘米;開本高26.9厘米,寬17厘米
孔穎達《毛詩正義序》
末有牌記"皇明崇禎三年歲在上章敦牂古虞毛氏綉鎸"
版心鎸"汲古閣"
鈐有"檇李吴氏"朱文方印、"小拜經樓藏書"白文方印

經13/8700

006

**詩本義十五卷鄭氏詩譜補亡一卷**

(宋)歐陽修撰
清乾隆刻本
六册(一函)
十一行二十字
白口,單魚尾,左右雙邊
框高19.6厘米,寬15厘米;開本高28.7厘米,寬18.2厘米
歐陽修《詩圖總序》
版心鎸字數
鈐有"句曲外史張天雨印"朱文方印

經13/7212

007

**詩集傳二十卷首詩圖一卷詩傳綱領一卷詩序辨説一卷**

(宋)朱熹集傳
明正統十二年(1447)刻本

二十四册(四函)
八行十四字,小字雙行十八字
黑口,雙魚尾,四周雙邊
框高 23 厘米,寬 16.5 厘米;開本高 30.3 厘米,寬 19 厘米
朱熹《詩傳序》[宋淳熙四年(1177)]
鈐有"樂在其中"朱文圓印、"錦齋真賞書畫之印"朱文圓印
經 13/2540

008
**呂氏家塾讀詩記三十二卷**
(宋)吕祖謙撰
明萬曆四十一年(1613)南京吏部刻本
十册(一函)
十行二十字,小字雙行同
白口,單魚尾,四周雙邊
框高 19.5 厘米,寬 14 厘米;開本高 29.5 厘米,寬 18.1 厘米
顧起元《重刻吕氏讀詩記序》[明萬曆四十一年(1613)]
陸釴《刻吕氏讀詩記序》[明嘉靖二十二年(1543)]
朱熹《序》[宋淳熙九年(1182)]
經 13/6030

009
**詩緝三十六卷**
(宋)嚴粲撰
明味經堂刻本(卷三十六末配抄補)
二十四册(四函)
九行十八字,小字雙行同
白口,單魚尾,四周雙邊
框高 19.8 厘米,寬 14.5 厘米;開本高 29.2 厘米,寬 18 厘米
林希逸《嚴氏詩緝序》
嚴粲《嚴氏詩緝序》[宋淳祐八年(1248)]
版心鎸"味經堂"
鈐有"不夷不惠"白文方印、"汾陽子孫"朱文方印、"春草閑房"朱文方印、"雙林郭氏家珍"朱文方印、"小學齋"朱文方印、"土風清嘉"白文方印、"練垣清暇"朱文方印、"托微波以通詞"白文方印、"黄鉬"陰陽文方印
經 13/6627

010
**絜齋毛詩經筵講義四卷**
(宋)袁燮撰
清乾隆四十年(1775)武英殿木活字印武英殿聚珍版叢書本
一册(一函)
九行二十一字
白口,單魚尾,四周雙邊
框高 19.1 厘米,寬 12.5 厘米;開本高 27.2 厘米,寬 17.3 厘米
清高宗弘曆《御製題武英殿聚珍版十韵有序》[清乾隆三十九年(1774)]
經 13/4099

011
**詩經解註四卷**

(明)徐奮鵬輯

**詩通不分卷**

(明)陸化熙撰　(清)歸起先輯

**詩譜序不分卷**

(漢)鄭玄撰

清順治刻本

四册(一函)

上下兩欄,上爲詩通,行數字數不等;下爲解注,九行十七字

白口,無魚尾,四周單邊

框高 21 厘米,寬 12 厘米;開本高 25.5 厘米,寬 16.2 厘米

歸起先《詩經解注序》[清順治十五年(1658)]

陸化熙《詩通序》[明萬曆四十六年(1618)]

徐奮鵬《詩解注序》

經 13/2847

012

**詩所八卷**

(清)李光地撰

清雍正六年(1728)刻本

六册(一函)

九行二十字,小字雙行同

白口,單魚尾,左右雙邊

框高 17.5 厘米,寬 13.6 厘米;開本高 24.3 厘米,寬 16.4 厘米

李光地《序》[清康熙五十七年(1718)](殘缺)

經 13/4094

013

**田間詩學不分卷**

(清)錢澄之撰

清康熙二十八年(1689)錢氏斟雉堂刻本

八册(一函)

十行二十三字,小字雙行同

白口,單魚尾,左右雙邊

框高 17.5 厘米,寬 13.5 厘米;開本高 24 厘米,寬 15.5 厘米

徐元文《序》[清康熙二十八年(1689)]

張英《序》

書名頁鎸"桐城錢飲光先生著/田間詩學/斟雉堂藏板"

經 13/8333

014

**御纂詩義折中二十卷**

(清)傅恒等纂

清乾隆二十年(1755)刻本

六册(一函)

十一行二十四字

白口,單魚尾,左右雙邊

框高 19 厘米,寬 14.1 厘米;開本高 30.5 厘米,寬 17.8 厘米

清高宗弘曆《序》[清乾隆二十年(1755)]

備注:卷末鎸"二品頂戴長蘆鹽運使司鹽運使臣如山敬謹重刊/浙江試用同知常安恭校"。

經 13/1270

# 大戴禮記類

015

**夏小正一卷**

(漢)戴德傳　(宋)金履祥注　(清)張爾岐輯　(清)黄叔琳增訂

清乾隆學山園校刻本

一册(一函)

九行二十字,小字雙行同

黑口,單魚尾,四周雙邊

框高 17.6 厘米,寬 12.5 厘米;開本高 24.4 厘米,寬 15.5 厘米

黄叔琳《序》[清乾隆十年(1745)]

張爾岐《原序》

書名頁鎸"北平黄昆圃增輯/夏小正/學山園校定本"

備注:有朱筆批注。

子 382/4324

# 三禮總義類

016

**新定三禮圖二十卷**

(宋)聶崇義集注

清康熙滿洲性德通志堂刻本(有圖)

四册(一函)

十六行三十一至三十三字不等

白口,雙魚尾,左右雙邊

框高 21.8 厘米,寬 16.8 厘米;開本高 29 厘米,寬 18.5 厘米

納蘭成德《河南聶氏三禮圖序》[清康熙十五年(1676)]

聶崇義《序》

版心鎸字數

書名頁鎸"河南聶氏集注/三禮圖/通志堂藏板"

經 14(1)/1028

017

**新定三禮圖二十卷**

(宋)聶崇義集注

清康熙滿洲性德通志堂刻本(有圖)

六册(一函)

十六行三十一至三十三字不等

白口,單魚尾,左右雙邊

框高 21.7 厘米,寬 16.8 厘米;開本高 28.8 厘米,寬 17.8 厘米

納蘭成德《河南聶氏三禮圖序》[清康熙十五年(1676)]

聶崇義《序》

版心鎸字數

書名頁鎸"河南聶氏集注/三禮圖/通志堂藏板"

鈐有"唐栖朱氏結一廬圖書記"朱文方印、"塘栖朱氏雪廬圖書記"朱文方印、"雪廬藏書"朱文方印

經 14(1)/1028(1)

018

**文公家禮儀節八卷**

(宋)朱熹編　(明)楊慎輯
明刻本(有圖)
四册(一函)
九行十八字,小字雙行字數不等
白口,單魚尾,左右雙邊
框高 21 厘米,寬 13.8 厘米;開本高 23.8 厘米,寬 15.6 厘米
周孔教《家禮儀節序》
丘濬《序》[明成化十年(1474)]
書名頁鎸"朱文公原本/宋板家禮大全/大經堂梓"
經 14(1)/2540

019
**讀禮通考一百二十卷**
(清)徐乾學撰
清康熙冠山堂刻本(有圖)
二十册(四函)
十三行二十一字,小字雙行三十一字
白口,單魚尾,左右雙邊
框高 19.1 厘米,寬 14.3 厘米;開本高 28.5 厘米,寬 17.5 厘米
徐樹穀《後序》[清康熙三十五年(1696)]
朱彝尊《序》[清康熙三十五年(1696)]
版心鎸字數
版心鎸刻工"齊卿""世維""子珍""子佩""甘曲""鄧茂卿""公臣""金佩""子重""世明""倫采""唐元""忠伯""金玉"等
書名頁鎸"昆山徐健庵先生編輯/讀禮通考/冠山堂藏板"
經 14(1)/2849

020
**五禮通考二百六十二卷首四卷**
(清)秦蕙田撰
清乾隆十八年(1753)味經窩刻本
六十册(六函)
十三行二十一字,小字雙行三十二字
白口,單魚尾,左右雙邊
框高 18.5 厘米,寬 14.7 厘米;開本高 28.5 厘米,寬 17.5 厘米
方觀承《序》
蔣汾功《序》[清乾隆十八年(1753)]
秦蕙田《序》
版心鎸字數
書名頁鎸"讀禮通考附/五禮通考/味經窩藏板"
備注:卷首有手抄《四庫全書總目》提要。
經 14(1)/5046

## 樂　類

021
**律吕精義内篇十卷外篇十卷**
(明)朱載堉撰
明刻本(有圖)
六册(一函)

十二行二十五字,小字雙行同
黑口,雙魚尾,四周雙邊
框高 25.3 厘米,寬 19.4 厘米;開本高 32.5 厘米,寬 22.6 厘米
朱載堉《序》[明萬曆二十四年(1596)](殘缺)
備注:第一册蟲蛀,其餘五册皆有破損。

子 3933/2544

## 春秋總義類

022

**春秋繁露十七卷題跋附録一卷**

(漢)董仲舒撰　(明)孫鑛評
明天啓五年(1625)朱養純花齋刻本
二册(一函)
九行二十字
白口,單魚尾,四周單邊
框高 20.5 厘米,寬 14.3 厘米;開本高 26.5 厘米,寬 16.5 厘米
樓郁《序》[宋慶曆七年(1047)]
孫鑛《叙》
汪明際《序》[明天啓五年(1625)]
沈鼎新《小引》[明天啓五年(1625)]
胡棨《跋》
版心下鎸"花齋藏板"
書名頁鎸"孫月峰先生合諸名家批評/漢董子春秋繁露/聚奎樓藏板"
鈐有"愚齋圖書館藏"朱文方印、"國立交通大學圖書館藏"朱文長方印、"華東師範大學圖書館藏書章"朱文長印

經 15(3)/4428

023

**春秋胡氏傳纂疏三十卷**

(宋)胡安國傳　(元)汪克寬纂
元至正八年(1348)建安劉叔簡日新堂刻本
十四册(二函)
存十五卷(三至四、七至八、十至十二、十四至十九、二十二、二十四)
十一行二十一字,小字雙行同
黑口,單魚尾,四周雙邊
框高 19.2 厘米,寬 12.5 厘米;開本高 22.2 厘米,寬 14.1 厘米
鈐有"沅叔審定"朱文方印、"雙鑑樓珍藏印"朱文方印、"藏園"朱文方印、"企驎軒"朱文方印、"抱蜀廬"朱文方印、"晋生心賞"朱文方印、"雙鑑樓"朱文方印、"江安傅增湘沅叔珍藏"朱文方印、"江安傅增湘考藏善本"朱文方印、"文德之章"朱文方印、"忠謨繼鑑"朱文方印、"沅叔心賞"朱文方印、"江安傅忠謨晋生珍藏"白文方印、"長春室圖書記"朱文長方印

經 15(2)/4736

024

**春秋四傳三十八卷春秋提要一卷春秋二**

**十國年表一卷春秋諸國興廢説一卷**

(□)□□撰

明嘉靖刻本

十二册(三函)

九行十七字,小字雙行同

白口,單魚尾,左右雙邊

框高 20.7 厘米,寬 14.3 厘米;開本高 27.4 厘米,寬 16.9 厘米

胡安國《胡氏傳序》(配韓震宇抄補)

杜預《左氏傳序》

何休《公羊傳序》

范甯《穀梁傳序》

程頤《程子傳序》[宋崇寧二年(1103)]

版心鎸字數

版心鎸刻工"唐林""柯仁義""唐鳳""陳約""張仁""夏文德""袁宏""張便"等

鈐有"愚齋圖書館藏"朱文方印、"國立交通大學圖書館藏"朱文長方印、"紫水之陽"白文方印、"高射植村文庫"朱文方印、"五峰朱氏收藏"朱文長方印

備注:有朱筆批點。卷十八殘。

經 15/0000

025

**春秋職官考略三卷**

(清)程廷祚撰

清雍正十年(1732)三近堂刻本

一册(一函)

九行二十字

白口,無魚尾,四周單邊

框高 18.1 厘米,寬 13.7 厘米;開本高 29 厘米,寬 18.1 厘米

程廷祚《序》

鈐有"敦夙好齋"朱文方印、"葉名灃潤臣印"白文方印

封頁有題記:"《春秋職官名考略》,同治十年十一月續得二書于廠肆,書根題字出一手,豈神物當合耶? 寄予高兄。撝州記。"

備注:金鑲玉裝。

經 15(3)/2613

026

**春秋地名辨異三卷附晋書地理志證今一卷**

(清)程廷祚撰

清雍正七年(1729)三近堂刻本

一册(一函)

九行二十字

白口,無魚尾,四周單邊

框高 18 厘米,寬 13.8 厘米;開本高 29.1 厘米,寬 18.1 厘米

程廷祚《序》

鈐有"敦夙好齋"朱文方印、"葉名灃潤臣印"白文方印

備注:金鑲玉裝。

經 15(3)/2613(2)

027

**春秋大事表五十卷春秋輿圖一卷附録**

**一卷**

(清)顧棟高撰

清乾隆萬卷樓刻本(有圖)

十六册(四函)

十一行二十五字,小字雙行三十七字

白口,無魚尾,四周單邊

框高 24.1 厘米,寬 14.9 厘米;開本高 28.9 厘米,寬 17.1 厘米

顧棟高《春秋大事表總叙》[清乾隆十三年(1748)]

方苞《序》

蔣汾功《叙》[清乾隆十三年(1748)]

楊椿《序》[清乾隆十四年(1749)]

楊繩武《序》[清乾隆十二年(1747)]

華希閔《序》[清乾隆十三年(1748)]

版心鎸"萬卷樓"

書名頁鎸"錫山顧復初輯/春秋大事表/萬卷樓藏板/乾隆十二年新鎸"

備注:書首鎸"乾隆壬申新春御筆賜司業顧棟高"。

經 15(3)/3140

028

**春秋大事表五十卷春秋輿圖一卷附録一卷**

(清)顧棟高撰

清乾隆萬卷樓刻本(有圖)

二十四册(三函)

十一行二十五字,小字雙行三十七字

白口,無魚尾,四周單邊

框高 23 厘米,寬 14.6 厘米;開本高 26.2 厘米,寬 17.8 厘米

顧棟高《春秋大事表總叙》[清乾隆十三年(1748)]

方苞《序》

蔣汾功《叙》[清乾隆十三年(1748)]

楊繩武《序》[清乾隆十二年(1747)]

華希閔《序》[清乾隆十三年(1748)]

楊椿《序》[清乾隆十四年(1749)]

版心鎸"萬卷樓"

書名頁鎸"錫山顧復初輯/春秋大事表/萬卷樓藏板/乾隆十二年新鎸"

備注:書首鎸"乾隆壬申新春御筆賜司業顧棟高"。

經 15(3)/3140(1)

## 四書類

029

**[論語古註]十卷**

(□)□□撰

日本松田本生抄本

二册(一函)

存六卷(一至四、九至十)

八行字數不等,小字雙行字數不等

框高 16.8 厘米,寬 13 厘米;開本高 24.3 厘米,寬 16.5 厘米

何晏《論語序》

鈐有"愚齋圖書館藏"朱文方印、

"無礙庵"朱文圓印、"松田本生"朱文方印、"本生"朱文方印、"國立交通大學圖書館藏"朱文長方印、"元和江氏靈鶼閣所藏書籍記"朱文長方印、"丙辰年查過"朱文圖記

備注:日文注音。有眉批、眉注、朱筆點校。題名根據封頁著録,封頁題名爲"論語古註",卷端題名爲"論語卷"。封頁右下方毛筆書"元清房俊江"字樣。

經 163/0000

030

**論語集解義疏十卷**

(三國魏)何晏集解　(南朝梁)皇侃義疏　(日本)根遜志校

日本元治元年(1864)刻本

五册(無函套)

正文九行二十字,疏雙行二十字,注單行字數不等

白口,單魚尾,左右雙邊

框高 20 厘米,寬 14.2 厘米;開本高 25.1 厘米,寬 17.6 厘米

何晏《論語集解叙》

服元喬《皇侃論語義疏新刻序》[日本寬延三年(1750)]

皇侃《論語義疏叙》

盧文弨《皇侃論語義疏序》[清乾隆五十三年(1788)]

書名頁鎸"京都書林,富小路通三條下町,須原尾平左衛門";書末書名頁鎸"魏何晏集解,梁皇侃義疏,日本根遜志校正,元治紀元甲子補刻,論語義疏五册,浪華萬蘊堂梓"

鈐有"愚齋圖書館藏"朱文方印、"國立交通大學圖書館藏"朱文長方印

備注:有日文注音。

經 163/2160

031

**鄉黨圖考十卷**

(清)江永撰

清乾隆三十八年(1773)潛德堂刻本(有圖)

五册(一函)

九行二十五字,小字雙行同

白口,單魚尾,左右雙邊

框高 19.4 厘米,寬 14.2 厘米;開本高 24.5 厘米,寬 15.6 厘米

江永《自序》[清乾隆二十一年(1756)]

書名頁鎸"乾隆癸巳年鎸/新安江慎修編/鄉黨圖考/潛德堂藏板"

封頁鈐有"芳峰別墅"白文方印

經 142/3130

## 小學類

032

**爾雅註疏十一卷**

(晋)郭璞注　(宋)邢昺疏

明崇禎元年(1628)刻本
十册(一函)
九行二十一字,小字雙行同
白口,單魚尾,左右雙邊
框高 17.6 厘米,寬 12.5 厘米;開本高 24.9 厘米,寬 14.9 厘米
邢昺《序》
卷末有牌記"皇明崇禎改元歲在著雍執徐古虞毛氏綉梓"
版心鎸刻工"何先"
書名頁鎸"郭景純先生注/爾雅注疏/行恕堂藏板"
鈐有"國立交通大學圖書館藏"朱文長方印
襯頁有山陽高士魁題識
備注:有佚名批點。

經 18/0712

033

**五雅七十三卷**

(明)畢效欽編
明嘉靖畢效欽刻本
二十册(二函)
十一行二十二字,小字雙行同
白口,單魚尾,四周雙邊
框高 19.6 厘米,寬 14.5 厘米;開本高 24.6 厘米,寬 16.4 厘米
郭璞《爾雅序》
鈐有"沈孝耕校閲秘藏本"朱文方印、"番禺沈氏留耕草堂藏書印"朱文方印、"留耕草堂"朱文方印、"番禺沈氏金石書畫之章"朱文方印

經 1922/0713

034

**説文解字十五卷**

(漢)許慎撰　(宋)徐鉉等校
明末汲古閣刻本
八册(一函)
七行大小字數不等
白口,單魚尾,左右雙邊
框高 15.8 厘米,寬 12.1 厘米;開本高 29.6 厘米,寬 17.4 厘米
書名頁鎸"北宋本校刊/説文真本/汲古閣藏板"
鈐有"守權"白文方印

經 1911/0894

035

**説文古本考十四卷**

(清)沈濤撰
清潘氏滂喜齋刻本(卷四末配抄補)
八册(一函)
十行二十四字
白口,單魚尾,左右雙邊
框高 17.4 厘米,寬 13.3 厘米;開本高 22.2 厘米,寬 14.8 厘米
潘祖蔭《序》[清光緒十年(1884)]
潘鍾瑞《跋》
鈐有"震旦大學圖書館藏"朱文方印、"震旦大學圖書館丁氏文庫"朱文方印、"無錫丁福保字仲祜别號疇隱"白文長方印、

"丁福保讀書記"朱文方印
備注:首有無錫周雲青手抄"補說文古本考纂例"。襯頁題:"甲申六月二十八日鄭盦先生持贈。艮廬蒙叟記。"有佚名朱筆眉批。

經 1911/3434

036

**說文字原一卷六書正譌五卷**

(元)周伯琦撰
明崇禎七年(1634)胡正言十竹齋刻本
六册(一函)
五行字數不等,小字雙行十八字
白口,單魚尾,四周單邊
框高 20 厘米,寬 14.2 厘米;開本高 26.4 厘米,寬 16.4 厘米
孔貞運《重訂字原正訛序》[明崇禎七年(1634)]
黄芳《重刻字原正訛序》[明嘉靖元年(1522)]
周伯琦《序》[元至正九年(1349)]
宇文諒《叙》[元至正十五年(1355)]
版心鎸"十竹齋"
鈐有"太史司空之家"白文方印、"黄新"朱文方印、"家在滹沱河上"朱文方印

經 1922/7721

037

**五經文字三卷**

(唐)張參撰

**新加九經字樣一卷**

(唐)唐玄度撰
清乾隆刻本
四册(一函)
五行大小字數不等
白口,無魚尾,四周單邊
框高 23.3 厘米,寬 15.3 厘米;開本高 29.1 厘米,寬 18.3 厘米
張參《五經文字序例》[唐大曆十一年(776)]
唐玄度《新加九經字樣序》
馬曰璐《新加九經字樣跋》[清乾隆五年(1740)]
五經文字卷末鎸"刻字人魚宗會"
書名頁鎸"依石經原本/五經文字/附九經字樣　叢書樓開雕"
鈐有"安徽師範學院專科部圖書館藏書章"朱文方印

經 1921/1123

038

**六書分類十二卷首一卷**

(清)傅世垚撰
清乾隆五十四年(1789)維隅堂刻本
十三册(一函)
八行字數不等
白口,單魚尾,四周單邊
框高 20 厘米,寬 13.2 厘米;開本高 27.2 厘米,寬 15.6 厘米
王杰《序》[清乾隆五十四年(1789)]
紀昀《序》[清乾隆五十四年(1789)]
畢沅《序》[清乾隆五十五年(1790)]
王昶《序》[清乾隆五十四年(1789)]

傅應奎《序》

書名頁鎸"乾隆歲次己酉/紀大宗伯鑒定/六書分類　維隅堂藏板"

備注:每卷首鎸"汝南傅世垚賓石氏輯纂,孫錫桂月樵氏校閲,孫錫信秉直氏命刊,孫錫類繩祖氏校閲,曾孫應奎汪平氏授梓,侄曾孫應壁蔚園氏敬臨,曾孫應台耀平氏校閲,韓城世晚解復子通氏校閲"。

經 1921/2344

039

**六書故三十三卷通釋一卷**

(宋)戴侗撰

清乾隆師竹齋刻本

十六册(二函)

七行十七字

白口,無魚尾,四周單邊

框高 22 厘米,寬 15.7 厘米;開本高 28.5 厘米,寬 17.6 厘米

趙鳳儀《序》[元延祐七年(1320)]

李鼎元《重刻序》[清乾隆三十九年(1774)]

戴侗《叙》

書名頁鎸"乾隆甲辰重鎸/六書故/師竹齋藏板"

鈐有"退耕堂藏書記"朱文方印、"常應宸印"白文方印、"星垣"朱文方印

經 1921/4327

040

**千文六書統要二卷**

(明)胡正言撰

明崇禎金陵書林十竹齋刻本

八册(一函)

六行字數不等

白口,單魚尾,四周單邊

框高 18.3 厘米,寬 13.2 厘米;開本高 24.1 厘米,寬 15.4 厘米

版心鎸"十竹齋"

書名頁鎸"李仲卿李香巖兩先生鑒定/千文六書統要/十竹齋藏板"

備注:版本據《明代版刻綜録》著録。

經 1921/4710

041

**字學指南十卷**

(明)朱光家輯注

明萬曆二十九年(1601)刻本

十册(一函)

八行十二字,小字雙行二十四字

白口,單魚尾,左右雙邊

框高 20.5 厘米,寬 14.5 厘米;開本高 25.5 厘米,寬 17.4 厘米

張仲謙《序》

王圻《跋》

朱光家《引》[明萬曆二十九年(1601)]

經 1922/2593

042

**大廣益會玉篇三十卷**

(南朝梁)顧野王撰　(唐)孫强增字　(宋)陳彭年等重修

清康熙四十三年(1704)張士俊澤存堂刻本

六册(一函)

十行字數不等,小字雙行二十七字

白口,單魚尾,左右雙邊

框高 20.8 厘米,寬 15.4 厘米;開本高 26.4 厘米,寬 17.9 厘米

朱彝尊《重刊廣韵序》[清康熙四十三年(1704)]

張士俊《韵後跋》

朱彝尊《重刊玉篇序》[清康熙四十三年(1704)]

張士俊《篇後跋》

版心鎸字數

版心鎸刻工"蔣春生""石定國""蔣亮""蔣瑶""蔣宏旃"等

鈐有"雙照樓夫婦珍玩"白文長方印、"仁和吴昌綬伯宛父印"白文方印

經 1922/3161

043

**漢隷字源六卷**

(宋)婁機撰

明末汲古閣影宋刻本

五册(一函)

五行字數不等,小字雙行十七字

白口,無魚尾,左右雙邊

框高 23.5 厘米,寬 16.2 厘米;開本高 25 厘米,寬 17.8 厘米

洪景盧《序》[宋慶元三年(1197)]

版心鎸"汲古閣"

經 1924/4542

044

**字鑑五卷**

(元)李文仲編

清康熙四十八年(1709)張士俊澤存堂刻本

二册(一函)

八行十八字,小字雙行二十字

白口,單魚尾,四周單邊

框高 19 厘米,寬 13.3 厘米;開本高 27 厘米,寬 16.6 厘米

顔堯焕《序》

干文傳《序》

張楧《叙》

唐泳涯《序》

朱彝尊《後序》[清康熙四十八年(1709)]

張士俊《跋》

版心鎸字數

書名頁鎸"張氏重刊/字鑑/澤存堂藏板"

鈐有"茆簃所藏"朱文方印

經 1922/4002

045

**字鑑五卷**

(元)李文仲編

清康熙四十八年(1709)張士俊澤存堂刻本
二册(一函)
八行十八字,小字雙行二十字
白口,單魚尾,四周單邊
框高 18.5 厘米,寬 13.6 厘米;開本高 27.5 厘米,寬 16.7 厘米
顔堯焕《序》
干文傳《序》
張槙《叙》
唐泳涯《序》
朱彝尊《後序》[清康熙四十八年(1709)]
張士俊《跋》
版心鎸字數
書名頁鎸"張氏重刊/字鑑"
鈐有"塘野初中圖書"白文方印、"塘野初中藏書"朱文方印、"塘中圖書"朱文方印

經 1922/4002(1)

046

**篆林肆考十五卷**

(明)鄭大郁輯
明崇禎十四年(1641)刻本
四册(一函)
行數字數不等
白口,無魚尾,四周單邊
框高 21 厘米,寬 12.3 厘米;開本高 23.7 厘米,寬 13.4 厘米
鈐有"祖康"朱文方印、"回頭往事渾如夢/記取塵寰半局棋"朱文方印、"鳥飛竹葉霜初下/人立梅花月正高"朱文方印、"書畫禪"朱文方印

經 1922/8744

047

**新校經史海篇直音五卷**

(□)□□撰
明刻本
十册(二函)
十一行字數不等,小字雙行字數不等
黑口,雙魚尾,四周雙邊
框高 23.1 厘米,寬 16.4 厘米;開本高 30.1 厘米,寬 19.1 厘米
版心鎸刻工"劉相""劉楫"等
備注:有朱筆圈點。

經 1932/0000

048

**大宋重修廣韻五卷**

(宋)陳彭年等修
清康熙四十三年(1704)張士俊澤存堂影宋刻本
六册(一函)
十行字數不等,小字雙行二十七字
白口,單魚尾,左右雙邊
框高 20.8 厘米,寬 15.8 厘米;開本高 26.5 厘米,寬 17.9 厘米
潘耒《重刊古本廣韵序》
版心鎸字數
版心鎸刻工"蔣棟""蔣亮""蔣志"

"蔣瑶""石甫""蔣茂""蔣榮""李雲""蔣玉""蔣宏幹""蔣玖""蔣禮""曾明"等

備注:有眉批。

經 1931/7548

049

**韻補五卷**

(宋)吴棫撰

明刻本

五册(一函)

九行十七字,小字雙行同

白口,無魚尾,左右雙邊

框高 18.7 厘米,寬 13.5 厘米;開本高 27 厘米,寬 16.1 厘米

徐蕆《序》[宋乾道四年(1168)]

鈐有"亭林"朱文方印、"張氏時沛"朱文方印、"澹宋齋"朱文方印

卷首有顧炎武題識

備注:有朱筆批注。

經 1931/6043

050

**大明成化庚寅重刊改併五音集韻十五卷**

(金)韓道昭重編

**新編篇韻貫珠集一卷**

(明)釋真空編

明成化六年(1470)刻本

六册(二函)

十行字數不等,小字雙行三十二字

黑口,雙魚尾,四周雙邊

框高 23 厘米,寬 15.5 厘米;開本高 31.9 厘米,寬 19.1 厘米

韓道昇《至元庚寅重刊改并五音集韻序》[金崇慶元年(1212)]

□□《至元庚寅重刊改并五音集韻序》[金崇慶元年(1212)]

孫愐《重刊改并五音集韻序》[唐天寶十年(751)]

劉聰達《新刊篇韵貫珠集序》[明弘治十一年(1498)]

鈐有"東萊之家"白文方印、"吴清卿藏書印"朱文方印、"鄭東愉愉如父"朱文方印

經 1931/4436

051

**大明成化庚寅重刊改併五音集韻十五卷成化丁亥重刊改併五音類聚四聲篇海十五卷**

(金)韓道昭重編

**新編篇韻貫珠集八卷**

(明)釋真空編

明成化六年至七年(1470—1471)刻本

二十四册(四函)

十行字數不等,小字雙行三十二字

黑口,雙魚尾,四周雙邊

框高 23.5 厘米,寬 15.8 厘米;開本高 30.3 厘米,寬 18.9 厘米

韓道昇《至元庚寅重刊改并五音集韻序》[金崇慶元年(1212)]

□□《至元庚寅重刊改并五音集韵

序》[金崇慶元年(1212)]
□□《至元庚寅重刊改并五音集韵序》[元至元二十七年(1290)]
孫愐《至元庚寅重刊改并五音集韵序》
韓道昇《重編改并五音篇序》[金泰和八年(1208)]

經 1931/4436. 2

052

**大明正德乙亥重刊改併五音類聚五種三十三卷**

(金)韓道昭改并重編　(金)韓道晧等校定
明正德十年(1515)刻本
二十册(四函)
十行字數不等,小字雙行三十二字
黑口,三魚尾,四周雙邊
框高 30 厘米,寬 19 厘米;開本高 35. 3 厘米,寬 22. 5 厘米
萬安《重刊考訂五音篇韵總序》[明成化七年(1471)]
韓道昇《重編改并五音篇序》[金泰和八年(1208)]
□□《至元庚寅重刊改并五音集韵序》[金崇慶元年(1212)]
□□《至元庚寅重刊改并五音集韵序》[元至元二十七年(1290)]
孫愐《重刊改并五音集韵序》
劉聰達《新刊篇韵貫珠集序》[明弘治十一年(1498)]
版心鐫"司禮監太監蕭敬""御馬監太監谷大用""神宫監太監姚聰""内官監太監傅訓"等
備注:有朱筆批點。

經 1931/4436(2)

053

**大明正德乙亥重刊改併五音集韻十五卷**
**重刊改併五音類聚四聲篇海十五卷**

(金)韓道昭重編
明正德十五年(1520)刻本
二十册(二函)
十行字數不等,小字雙行三十二字
黑口,三魚尾,四周雙邊
框高 29. 8 厘米,寬 19. 1 厘米;開本高 33. 5 厘米,寬 22. 6 厘米
韓道昇《至元庚寅重刊改并五音集韵序》[金崇慶元年(1212)]
□□《至元庚寅重刊改并五音集韵序》[金崇慶元年(1212)]
□□《至元庚寅重刊改并五音集韵序》[元至元二十七年(1290)]
孫愐《至元庚寅重刊改并五音集韵序》
滕霄《重刊改并五音類聚四聲篇海集韵序》[明正德十年(1515)]
韓道昇《重編改并五音篇序》[金泰和八年(1208)]
備注:有朱筆批注。

經 1931/4436. 3

054

**古今韻會舉要三十卷禮部韻略七音三**

**十六字母通考一卷**

(宋)黄公紹輯　(元)熊忠舉要

明嘉靖十七年(1538)西京劉儲秀補刻本

二十册(四函)

八行字數不等,小字雙行二十二字

白口,單魚尾,左右雙邊

框高 20.3 厘米,寬 14.5 厘米;開本高 27 厘米,寬 18 厘米

劉辰翁《序》[元至元二十九年(1292)]

張鯤《刻古今韵會叙》[明嘉靖十五年(1536)]

劉儲秀《跋》[明嘉靖十七年(1538)]

鈐有"但仲子少村圖籍之印"朱文方印

經 1931/2250

055

**古今韻會舉要三十卷禮部韻略七音三十六字母通考一卷**

(宋)黄公紹輯　(元)熊忠舉要

明嘉靖刻本

十册(一函)

八行字數不等,小字雙行二十二字

白口,單魚尾,四周單邊

框高 20.5 厘米,寬 14.5 厘米;開本高 25.2 厘米,寬 16.4 厘米

劉辰翁《序》[元至元二十九年(1292)]

張鯤《刻古今韵會叙》[明嘉靖十五年(1536)]

劉儲秀《跋》[明嘉靖十七年(1538)]

鈐有"丁晏圖書"白文方印、"丁晏"白文方印、"柘翁"白文方印、"思研齋藏書印"朱文方印、"半畝園主人"朱文方印、"澶本堂"朱文方印

經 1931/2250.2

056

**洪武正韻十六卷**

(明)樂韶鳳　(明)宋濂等撰

明初刻本

八册(一函)

八行十二字,小字雙行二十四字

黑口,雙魚尾,四周雙邊

框高 26.5 厘米,寬 14.6 厘米;開本高 29 厘米,寬 17.9 厘米

宋濂《序》[明洪武八年(1375)]

卷五第二頁版心鎸"對讀劉伯美"

版心鎸刻工"黄以元""熊汝敬""江子名""江清""季秀""太秀""王五秀"等

鈐有"祝昭聲章"朱文方印、"直翁"白文方印、"稺農藏書"朱文方印、"明善堂覽書畫印記"白文方印、"安樂堂藏書記"朱文方印、"如皋祝壽慈藏書印"朱文方印、"稺農過眼"朱文方印、"漢鹿齋金石書畫印"白文方印、"盛氏朝儀"朱文方印、"盱山"藍文方印、"孫旼"藍文方印

襯頁有直翁題記:"洪武正韵八册,

原爲泰州錢氏物，庚申春吾友周應禎爲余覓得，是歲秋命工重裝，審是明代第一刊本，可爲一快。甲戌初夏展讀書看頁。”

經 1931/2207

057

**洪武正韻十六卷**

(明)樂韶鳳　(明)宋濂等撰

明隆慶元年(1567)衡府厚德堂刻本

五册(一函)

八行十二字，小字雙行二十四字

黑口，雙魚尾，四周雙邊

框高 22.2 厘米，寬 14.4 厘米；開本高 30.3 厘米，寬 17.5 厘米

宋濂《序》[明洪武八年(1375)]

衡王朱祐楎《序》[明隆慶元年(1567)]

經 1931/2207.2

058

**洪武正韻十六卷**

(明)樂韶鳳　(明)宋濂等撰

明刻本

十六册(二函)

八行十二字，小字雙行二十四字

黑口，雙魚尾，四周雙邊

框高 21.1 厘米，寬 14.5 厘米；開本高 29.4 厘米，寬 18 厘米

宋濂《序》[明洪武八年(1375)]

經 1931/2207.3

059

**重訂併音連聲韻學集成十三卷**

(明)章黼集

明萬曆三十四年(1606)練川明德書院刻本(卷四至五配抄補)

六册(一函)

八行字數不等，小字雙行二十四字

白口，單魚尾，左右雙邊

框高 14.3 厘米，寬 11.9 厘米；開本高 27.7 厘米，寬 18.3 厘米

桑悦《韻學集成序》[明成化十二年(1476)]

徐博《韻學集成序》[明成化十七年(1481)]

劉魁《韻學集成序》

張情《補刻韻學集成叙》[明嘉靖三十八年(1559)]

張重志《序補刻章氏韻書》[明嘉靖二十四年(1545)]

李長源《韻書後序》[明成化十七年(1481)]

版心鎸字數

版心鎸刻工“楊文”“龔魁”“王四”等

經 1931/0033

060

**韻鑰二十五卷**

(明)吕維祺著　(明)吕維祜詮

明刻音韵日月燈叢書本

八册(一函)

八行字數不等，小字雙行二十四字

白口，單魚尾，四周單邊
框高 21.2 厘米，寬 14.7 厘米；開本高 26.9 厘米，寬 17.5 厘米
吕維祺《引言》

經 1931/6023(1)

061

**音韻日月燈三種五十七卷**

(明)吕維祺著　(明)吕維祜詮
明崇禎六年(1633)刻本
二十四册(四函)
八行字數不等，小字雙行字數不等
白口，單魚尾，四周單邊
框高 21.2 厘米，寬 14.7 厘米；開本高 26 厘米，寬 16.4 厘米
鄭鄤《序》[明崇禎七年(1634)]
吕維祺《叙》[明崇禎七年(1634)]
吕維祜《叙》[明崇禎七年(1634)]
畢懋康《序》
版心鎸字數
書名頁鎸"吕介孺先生著/音韵日月燈/志清堂藏板/龍友居士較梓"
鈐有"中原文獻"朱文方印、"載玉"白文方印、"蔣氏家珍"朱文方印
備注：有"本衙藏板翻刻必究"朱文圖記。

經 1931/6023

062

**附釋文互註禮部韻略五卷**

(宋)丁度等撰
清康熙四十五年(1706)曹寅揚州使院刻本
五册(一函)
九行大小字數不等
白口，雙魚尾，左右雙邊
框高 16.6 厘米，寬 11.6 厘米；開本高 26.5 厘米，寬 17.4 厘米
袁文焴《序》[宋紹定三年(1230)]
郭守正《序》[宋景定五年(1264)]
末有牌記"楝亭藏本丙戌九月重刻于揚州使院"

經 1932/1000

063

**韻歧補四卷**

(清)鄭溶輯
清抄本
二册(一函)
九行字數不等，小字雙行字數不等
無框格；開本高 26.8 厘米，寬 17.8 厘米
鈐有"揚州金氏水墨莊家藏"朱文方印
備注：金鑲玉裝。

經 1931/8733

# 史　部

## 叢編類

064—084

**二十一史二千五百六十七卷**

（漢）司馬遷　（漢）班固等撰

明嘉靖至萬曆年間南京國子監刻清順治康熙遞修本

五百册（五十函）

## 紀傳類

064

**史記一百三十卷**

（漢）司馬遷撰　（南朝宋）裴駰集解　（唐）張守節正義　（唐）司馬貞索隱

明嘉靖至萬曆年間南京國子監刻清順治康熙遞修本

二十册（二函）

十行二十一字，小字雙行二十七字

白口，單魚尾，左右雙邊

框高 19.7 厘米，寬 14.5 厘米；開本高 26.1 厘米，寬 17 厘米

宋犖《重修廿一史序》［清康熙四十年（1701）］

張泰交《序》

郎廷佐《重修廿一史序》［清順治十六年（1659）］

荆子邁《跋》［清康熙四十年（1701）］

馮夢禎《南京國子監新鐫史記序》［明萬曆二十四年（1596）］

黄汝良《南雍重刻史記序》［明萬曆二十四年（1596）］

張守節《史記正義序》［唐開元二十四年（736）］

司馬貞《史記索隱序》

司馬貞《索隱後序》

司馬貞《補史記序》

裴駰《史記集解序》

版心上鐫刊補年代，如“萬曆二十四年刊”“順治十五年十六年刊”“康熙三十九年刊”等

史 2（1）/0000（1）

065

**漢書一百二十卷**

（漢）班固撰　（唐）顔師古注　（明）張邦奇　（明）江汝璧校刊

明嘉靖至萬曆年間南京國子監刻清

順治康熙遞修本
二十四册(二函)
十行二十一字,小字雙行同
白口,雙魚尾,四周雙邊
框高 21.1 厘米,寬 14.3 厘米;開本高 26.2 厘米,寬 17.2 厘米
版心上鎸刊補年代,如"嘉靖八年刊""萬曆二十六年補刊""萬曆十年補刊""天啓二年刊""崇禎三年春""順治十六年刊""康熙三十九年刊""江南安徽巡撫都院薛"等
備注:有朱筆圈點。卷末鎸"蘇州府儒學教授朱端校"。
史 2(1)/0000(2)

066

**後漢書一百三十卷**

(南朝宋)范曄撰　(唐)李賢注　(明)黄儒炳　(明)葉燦修
明嘉靖至萬曆年間南京國子監刻清順治康熙遞修本
二十册(二函)
十行二十一字,小字雙行同
白口,單魚尾,間有雙魚尾,四周雙邊
框高 21.4 厘米,寬 14.5 厘米;開本高 26.1 厘米,寬 16.4 厘米
余靖《景祐刊誤本後漢書序》[宋景祐二年(1035)]
劉昭《後漢書注補志序》
版心上鎸刊補年代,如"嘉靖九年刊""萬曆十年刊""萬曆十年補""天啓二年刊""崇禎三年刊""順治十五年刊""順治十七年刊"等
史 2(1)/0000(3)

067

**三國志六十五卷**

(晋)陳壽撰　(南朝宋)裴松之注　(明)馮夢禎　(明)黄汝良校正
明嘉靖至萬曆年間南京國子監刻清順治康熙遞修本
十二册(一函)
十二行二十三字
黑口,單魚尾,左右雙邊
框高 20.8 厘米,寬 14.2 厘米;開本高 26.1 厘米,寬 16.6 厘米
馮夢禎《叙重刻三國志》[明萬曆二十四年(1596)]
黄汝良《重刻三國志小序》[明萬曆二十四年(1596)]
裴松之《上三國志注表》[南朝宋元嘉六年(429)]
版心上鎸刊補年代,如"萬曆二十四年刊""康熙三十九年刊"
備注:有朱筆圈點。卷末鎸"康熙庚辰年江寧府儒學訓導王奕章校"。
史 2(1)/0000(4)

068

**晋書一百三十卷**

(唐)房玄齡等纂　(明)高啓愚　(明)劉瑊校刊

明嘉靖至萬曆年間南京國子監刻清順治康熙遞修本
三十八册(四函)
十行二十字
白口,雙魚尾,左右雙邊
框高 22.5 厘米,寬 16.8 厘米;開本高 28.1 厘米,寬 18.9 厘米
版心上鎸刊補年代,如"萬曆三年""嘉靖戊午年""萬曆四年""萬曆五年刊""萬曆十年補刊""萬曆七年""順治十六年刊""康熙三十九年刊"等
版心下鎸有"監生趙子義刊""監生童志德刊""江寧知府陳龍巖捐俸"

史 2(1)/0000(5)

069

**宋書一百卷**

(南朝梁)沈約撰
明嘉靖至萬曆年間南京國子監刻清順治康熙遞修本
二十四册(二函)
九行十八字
白口,三魚尾,四周雙邊
框高 22.4 厘米,寬 16 厘米;開本高 26.1 厘米,寬 17.7 厘米
馮夢禎《南雍新雕宋書引》[明萬曆二十二年(1594)]
季道統《重刻宋書引》[明萬曆二十二年(1594)]
版心上鎸刊補年代,如"萬曆二十二年刊""康熙三十九年刊"

史 2(1)/0000(6)

070

**南齊書五十九卷**

(南朝梁)蕭子顯撰
明嘉靖至萬曆年間南京國子監刻清順治康熙遞修本
十册(一函)
九行十八字,小字雙行同
白口,雙魚尾,四周雙邊
框高 20.2 厘米,寬 14.2 厘米;開本高 26.1 厘米,寬 16.9 厘米
陳洙等《序》
張一桂《重刻南齊書題辭》[明萬曆十八年(1590)]
版心上鎸刊補年代,如"萬曆十七年刊""萬曆十六年刊""順治十六年刊"等
備注:卷末鎸"康熙庚辰年江寧府儒學訓導王奕章校"。

史 2(1)/0000(7)

071

**梁書五十六卷**

(唐)姚思廉撰
明嘉靖至萬曆年間南京國子監刻清順治康熙遞修本
八册(一函)
十行二十一字
白口,雙魚尾,四周雙邊
框高 21 厘米,寬 14.4 厘米;開本

高 26.1 厘米，寬 17 厘米
余有丁《序》[明萬曆四年(1576)]
周子義《序》[明萬曆五年(1577)]
版心上鎸刊補年代，如"萬曆三年刊""萬曆二年刊""順治十五年刊"等
史 2(1)/0000(10)

072
**陳書三十六卷**
(唐)姚思廉撰
明嘉靖至萬曆年間南京國子監刻清順治康熙遞修本
四册(一函)
九行十八字
白口，雙魚尾，四周雙邊
框高 20.2 厘米，寬 14.2 厘米；開本高 25.8 厘米，寬 16.5 厘米
趙用賢《序》[明萬曆十六年(1588)]
蘇洵、穆修等《陳書目録序》
版心上鎸刊補年代，如"萬曆十六年刊""順治十六年刊"等
史 2(1)/0000(9)

073
**魏書一百二十四卷**
(北齊)魏收撰 (明)陸可教 (明)馮夢禎校閲
明嘉靖至萬曆年間南京國子監刻清順治康熙遞修本
二十四册(二函)
十行二十一字
白口，單魚尾，四周雙邊
框高 20.2 厘米，寬 14.5 厘米；開本高 25.7 厘米，寬 16.4 厘米
馮夢禎《序重雕魏書》[明萬曆二十五年(1597)]
黄汝良《重刻魏書序》[明萬曆二十五年(1597)]
劉攽、劉恕等《進魏書目録序》
版心上鎸刊補年代，如"萬曆二十四年刊""崇禎十年南厢刊""順治十六年刊""康熙三十九年刊"等
備注：卷末鎸"康熙庚辰年江寧府儒學訓導王奕章校"。
史 2(1)/0000(11)

074
**北齊書五十卷**
(唐)李百藥撰
明嘉靖至萬曆年間南京國子監刻清順治康熙遞修本
八册(一函)
九行十八字
白口，雙魚尾，四周雙邊
框高 20.7 厘米，寬 14.1 厘米；開本高 25.7 厘米，寬 16.4 厘米
版心上鎸刊補年代，如"萬曆十六年刊""萬曆己丑年""萬曆十七年刊""康熙三十九年刊"等
備注：卷末鎸"康熙庚辰年江寧府儒學訓導王奕章校"。
史 2(1)/0000(8)

075

**周書五十卷**

(唐)令狐德棻等撰

明嘉靖至萬曆年間南京國子監刻清順治康熙遞修本

八册(一函)

九行十八字

白口,雙魚尾,四周雙邊

框高 20.1 厘米,寬 14.9 厘米;開本高 25.8 厘米,寬 16.3 厘米

李燾等《序》

趙用賢《書重刻周書後》[明萬曆十六年(1588)]

版心上鎸刊補年代,如"萬曆十六年刊""順治十六年刊""康熙二十年補刊"等

備注:卷末鎸"康熙庚辰年江寧府儒學訓導王奕章校"。

史 2(1)/0000(12)

076

**隋書八十五卷**

(唐)魏徵纂　(明)季道統校

明嘉靖至萬曆年間南京國子監刻清順治康熙遞修本

二十册(二函)

九行十八字,小字雙行同

白口,雙魚尾,四周雙邊

框高 20.3 厘米,寬 14.3 厘米;開本高 26.2 厘米,寬 16.8 厘米

版心上鎸刊補年代,如"萬曆二十三年""萬曆二十二年""順治十五年刊""康熙三十九年刊"等

備注:卷末鎸"康熙庚辰年江寧府儒學訓導王奕章校"。

史 2(1)/0000(13)

077

**南史八十卷**

(唐)李延壽撰　(明)趙用賢　(明)張一桂校

明嘉靖至萬曆年間南京國子監刻清順治康熙遞修本

二十册(二函)

九行十八字

黑口,雙魚尾(清朝修補本有單魚尾、雙魚尾兩種),四周雙邊

框高 20.5 厘米,寬 14.1 厘米;開本高 26.2 厘米,寬 16.9 厘米

張一桂《重刻南史題辭》[明萬曆十九年(1591)]

版心上鎸刊補年代,如"萬曆十七年刊""萬曆十八年刊""萬曆十九年刊""崇禎七年東廂王西廂周同補""崇禎十一年補""順治十五年刊""順治十六年刊""康熙二十年補刊""康熙三十九年刊"等

史 2(1)/0000(14)

078

**北史一百卷**

(唐)李延壽撰　(明)馮夢禎校

明嘉靖至萬曆年間南京國子監刻清順治康熙遞修本
三十册(三函)
九行十八字
白口,雙魚尾,四周雙邊
框高 20.6 厘米,寬 14.1 厘米;開本高 25.8 厘米,寬 16.4 厘米
馮夢禎《刻北史跋》[明萬曆二十一年(1593)]
版心上鎸刊補年代,如"萬曆十九年刊""萬曆二十年刊""萬曆十一年刊""萬曆二十一年刊""萬曆二十六年刊""順治十六年刊""康熙三十九年刊"等
備注:卷末鎸:"癸巳二月三十日燈下校終列傳八十八卷,正二百一十字,是夜雷雨。夢禎識。"及"蘇州府儒學教授朱端校"。



079

**唐書二百二十五卷**

(宋)歐陽修撰
明嘉靖至萬曆年間南京國子監刻清順治康熙遞修本
四十四册(四函)
十行二十一字,小字雙行同
白口,雙魚尾,四周雙邊
框高 22.1 厘米,寬 15 厘米;開本高 25.6 厘米,寬 17 厘米
曾公亮《進新唐書表》[宋嘉祐五年(1060)]
版心上鎸刊補年代,如"萬曆四年""萬曆二十六年刊""萬曆四十四年刊""萬曆十六年""萬曆十七年""萬曆三十七年""嘉靖九年補刊""崇禎三年刊兩廂侯補修""康熙三十九年刊"等
備注:卷末鎸"康熙庚辰年江寧府儒學教授荆子邁校"。



080

**五代史記七十四卷**

(宋)歐陽修撰　(宋)徐無黨注
明嘉靖至萬曆年間南京國子監刻清順治康熙遞修本
八册(一函)
十行二十一字,小字雙行同
白口,雙魚尾,四周雙邊
框高 21.2 厘米,寬 14.7 厘米;開本高 25.7 厘米,寬 16.5 厘米
陳師錫《序》
周子義《書重刻五代史記後》[明萬曆五年(1577)]
版心上鎸刊補年代,如"萬曆四年刊""順治十五年刊""萬曆五年刊""康熙三十九年刊"等
備注:卷五十五末鎸"江寧府儒學教授朱謨校",卷七十四末鎸"蘇州府儒學教授朱端校"。

081

**宋史四百九十六卷**

(元)脱脱纂修

明嘉靖至萬曆年間南京國子監刻清順治康熙遞修本

一百册(十函)

十行二十字

白口,雙魚尾,四周雙邊

框高 21.5 厘米,寬 14.5 厘米;開本高 25.7 厘米,寬 16.5 厘米

朱英《新刊宋史序》[明成化十六年(1480)]

版心上鎸刊補年代,如"嘉靖丙辰年""萬曆二十五年刊""萬曆三十八年刊""萬曆四十五年刊""萬曆二十八年刊""崇禎三年春""天啓二年刊""萬曆二十七年刊""萬曆三十九年刊"等,版心下鎸"監生劉夢雷刊"

備注:卷末鎸"康熙庚辰年江寧府儒學教授荆子邁校"。

史 2(1)/0000(18)

082

**遼史一百十六卷**

(元)脱脱纂修

明嘉靖至萬曆年間南京國子監刻清順治康熙遞修本

八册(一函)

十行二十二字

白口,雙魚尾,四周雙邊

框高 20.7 厘米,寬 15.3 厘米;開本高 25.8 厘米,寬 17 厘米

版心上鎸刊補年代,如"嘉靖八年刊""順治十六年刊""康熙三十九年刊"等

備注:卷末鎸"康熙庚辰年江寧府儒學教授荆子邁校"。

史 2(1)/0000(19)

083

**金史一百三十五卷**

(元)脱脱纂修

明嘉靖至萬曆年間南京國子監刻清順治康熙遞修本

二十册(二函)

十行二十二字,小字雙行同

白口,雙魚尾,四周雙邊

框高 20.8 厘米,寬 15.1 厘米;開本高 25.7 厘米,寬 17.1 厘米

版心上鎸刊補年代,如"嘉靖八年刊""順治十五年刊""康熙三十九年刊"等

備注:卷末鎸"康熙庚辰年江寧府儒學訓導王奕章校"。

史 2(1)/0000(20)

084

**元史二百十卷**

(明)宋濂等修

明嘉靖至萬曆年間南京國子監刻清順治康熙遞修本

五十册(五函)

十行二十字

白口，雙魚尾，四周雙邊
框高 22.9 厘米，寬 15.6 厘米；開本高 27.8 厘米，寬 18.4 厘米
李善長《進元史表》［明洪武二年（1369）］
宋濂《修元史記》［明洪武二年（1369）］
版心上鎸刊補年代，如“順治十五年刊”“順治十六年刊”“崇禎三年刊”“康熙三十九年刊”“康熙二十年補刊”“天啓三年刻”“萬曆三十七年”“萬曆四十四年刊”“崇禎七年刊”“萬曆二十六年刊”“嘉靖九年補刊”“嘉靖十年刊”“東厢王南厢周同補”“兩厢侯謝補修”等
備注：卷末鎸“江寧府儒學教授朱謨閱”“蘇州府儒學教授朱端等校閱”。

史 2(1)/0000(21)

085

**史記一百三十卷**

（漢）司馬遷撰　（南朝宋）裴駰集解　（唐）司馬貞索隱　（唐）張守節正義　（明）鍾人傑校
明萬曆二十四年（1596）鍾人傑刻本
二十四册（二函）
九行二十字，小字雙行同
白口，單魚尾，四周單邊
框高 21.4 厘米，寬 14.3 厘米；開本高 26.9 厘米，寬 16.8 厘米
李維楨《重刻史記序》
鍾人傑《校刻史記序》
司馬貞《補史記序》
司馬貞《史記索隱序》
司馬貞《史記索隱後序》
裴駰《史記集解序》
張守節《史記正義序》
馮夢禎《史記監本序》［明萬曆二十四年（1596）］
黄汝良《史記監本序》［明萬曆二十四年（1596）］
王世貞《史記評林叙》
茅坤《史記評林序》［明萬曆四年（1576）］
徐中行《史記評林序》［明萬曆五年（1577）］

史 21/1773

086

**史記一百三十卷**

（漢）司馬遷撰　（南朝宋）裴駰集解　（唐）司馬貞索隱　（唐）張守節正義　（明）鍾人傑校
明酣古齋刻本
一册（一函）
存九卷（二十八至三十六）
九行二十六字
白口，無魚尾，四周單邊
框高 20.5 厘米，寬 12.5 厘米；開本高 25 厘米，寬 13.5 厘米
版心下鎸“酣古齋”
備注：天頭鎸注。

史 21/1773.3

087

**史記一百三十卷**

(漢)司馬遷撰　(南朝宋)裴駰集解　(唐)司馬貞索隱　(唐)張守節正義

清刻本

十三册(一函)

存四十五卷(本紀一至十二、年表一至八、世家十至三十、列傳一至四)

九行二十字,小字雙行同

白口,無魚尾,左右雙邊

框高 20. 7 厘米,寬 13. 8 厘米;開本高 24. 7 厘米,寬 16. 3 厘米

備注:天頭鎸評。

史 21/1773. 2

088

**史記集解一百三十卷**

(南朝宋)裴駰撰

明汲古閣刻本

十四册(三函)

存一百二十三卷(八至一百三十)

十二行二十五字,小字雙行三十七字

白口,單魚尾,左右雙邊

框高 22 厘米,寬 15 厘米;開本高 26 厘米,寬 16. 6 厘米

鈐有"仁和王氏退圃藏書印"朱文方印、"國立交通大學圖書館藏"朱文長方印

史 21/1773(1)

089

**史記集解索隱正義一百三十卷**

(漢)司馬遷撰　(南朝宋)裴駰集解　(唐)司馬貞索隱　(唐)張守節正義

明嘉靖四年(1525)金臺汪諒刻本

四十八册(十二函)

十行十八字,小字雙行二十三字

白口,雙魚尾,左右雙邊

框高 20. 3 厘米,寬 12. 8 厘米;開本高 24. 3 厘米,寬 13. 7 厘米

裴駰《史記集解序》

張守節《史記正義序》[唐開元二十四年(736)]

司馬貞《史記索隱序》

司馬貞《補史記序》

司馬貞《史記索隱後序》

鈐有"文韶真玩"白文方印、"文石史"白文方印、"雲間朱氏家藏書畫子孫永寶"朱文長方印

備注:天頭間有過録錢大昕批注。版本據《明代版刻圖録》著録。

史 21/1773(2)

090

**史記集解索隱正義一百三十卷**

(漢)司馬遷撰　(南朝宋)裴駰集解　(唐)司馬貞索隱　(唐)張守節正義

明崇禎刻本

十六册(四函)

十行二十字,小字雙行同

白口,單魚尾,左右雙邊
框高 21 厘米,寬 14 厘米;開本高 27 厘米,寬 16.8 厘米
陳仁錫《史記序》[明崇禎元年(1628)]
裴駰《史記集解序》
司馬貞《史記索隱序》
司馬貞《史記索隱後序》
司馬貞《補史記序》
張守節《史記正義序》[唐開元二十四年(736)]

史 21/1773.4

091

**史記評林一百三十卷**

(漢)司馬遷撰 (南朝宋)裴駰集解 (唐)司馬貞索隱 (唐)張守節正義 (明)凌稚隆輯校
明萬曆鰲峰熊宗立種德堂刻本
三十一册(六函)
十行十九字,小字雙行同
白口,單魚尾,有左右雙邊、四周單邊
框高 23.8 厘米,寬 14.6 厘米;開本高 27.8 厘米,寬 16.8 厘米
王世貞《叙》
茅坤《刻史記評林序》[明萬曆四年(1576)]
徐中行《序》[明萬曆五年(1577)]
司馬貞《史記索隱序》
司馬貞《史記索隱後序》
司馬貞《補史記序》
張守節《史記正義序》[唐開元二十四年(736)]
裴駰《史記集解叙》
鈐有"愚齋圖書館藏"朱文方印、"國立交通大學圖書館藏"朱文長方印

史 21/3427.2

092

**史記評林一百三十卷**

(漢)司馬遷撰 (南朝宋)裴駰集解 (唐)司馬貞索隱 (唐)張守節正義 (明)凌稚隆輯校
明刻本
六册(無函套)
存三十卷(一至五、二十六至二十七、四十六至五十二、八十七至一百二)
十行十九字,小字雙行同
白口,單魚尾,有四周單邊、左右雙邊
框高 23.8 厘米,寬 14 厘米;開本高 26 厘米,寬 16.5 厘米
鈐有"全椒汪氏之印"朱文方印
備注:有朱筆圈點。

史 21/3427

093

**後漢書註九十卷**

(唐)李賢注

**志註補三十卷**

(南朝梁)劉昭注補
明汲古閣刻本

十四册(三函)

十二行二十五字,小字雙行三十七字

白口,單魚尾,左右雙邊

框高 21.5 厘米,寬 15 厘米;開本高 25.5 厘米,寬 16.5 厘米

版心鎸"汲古閣　毛氏正本"

鈐有"愚齋圖書館藏"朱文方印、"國立交通大學圖書館藏"朱文長方印

史 2122/4077

094

**三國志六十五卷**

(晋)陳壽撰　(南朝宋)裴松之注

明萬曆二十八年(1600)南京國子監刻本

十四册(三函)

十行二十一字,小字雙行同

白口,單魚尾,左右雙邊

框高 24 厘米,寬 15.3 厘米;開本高 29 厘米,寬 17 厘米

版心鎸"萬曆二十八年刊"

鈐有"學然後知不足"白文方印、"其祥"朱文方印

史 2131/1540

095

**三國志六十五卷**

(晋)陳壽撰　(南朝宋)裴松之注

明萬曆二十八年(1600)南京國子監刻本

八册(二函)

存吴志二十卷

十行二十一字,小字雙行同

白口,單魚尾,左右雙邊

框高 23 厘米,寬 15 厘米;開本高 27.3 厘米,寬 16.9 厘米

版心鎸"萬曆二十八年刊"

備注:有墨筆批注、圈點。

史 2131/1540(3)

096

**三國志註六十五卷**

(晋)陳壽撰　(南朝宋)裴松之注

明末汲古閣刻本

十一册(二函)

存五十七卷(一至四十九、五十八至六十五)

十二行二十五字,小字雙行三十七字

白口,單魚尾,左右雙邊

框高 21.7 厘米,寬 15.2 厘米;開本高 25 厘米,寬 16 厘米

裴松之《上三國志注表》[南朝宋元嘉六年(429)]

版心鎸"汲古閣　毛氏正本"

鈐有"愚齋圖書館藏"朱文方印、"國立交通大學圖書館藏"朱文長方印

史 2131/1540(2)

097

**三國志文鈔二十卷**

(晋)陳壽撰　(明)戴羲輯
明刻本
六册(一函)
九行十九字
白口,白魚尾,四周單邊
框高 20.3 厘米,寬 14.5 厘米;開本高 25 厘米,寬 16.2 厘米
卷末鈐有"鶴成長壽"朱文方印、"藺相如"白文方印、"鶴成"朱文方印
史 2131/1540(1)

098
**南齊書五十九卷**
(南朝梁)蕭子顯撰
明末汲古閣刻本
八册(一函)
十二行二十五字
白口,單魚尾,左右雙邊
框高 21.3 厘米,寬 15 厘米;開本高 25.7 厘米,寬 16.4 厘米
鈐有"愚齋圖書館藏"朱文方印、"國立交通大學圖書館藏"朱文長方印
史 21/4416

099
**陳書三十六卷**
(唐)姚思廉撰
宋刻元明遞修本
六册(無函套)
存十七卷(七至十二、二十六至三十六)
九行十六字至十八字不等
白口,單魚尾,左右雙邊
框高 22.4 厘米,寬 18.2 厘米;開本高 30.3 厘米,寬 20.4 厘米
版心鎸"嘉靖九年補刊""嘉靖八年補刊"
史 2133/4360

100
**陳書三十六卷**
(唐)姚思廉撰
明萬曆十五年至十六年(1587—1588)南京國子監刻清康熙遞修本
四册(一函)
存三十卷(一至三十)
九行十八字
白口,雙魚尾,四周雙邊
框高 19.8 厘米,寬 14.1 厘米;開本高 25.5 厘米,寬 16.4 厘米
趙用賢《序》[明萬曆十六年(1588)]
版心鎸"萬曆十六年刊""順治十六年刊"
鈐有"愚齋圖書館藏"朱文方印、"國立交通大學圖書館藏"朱文長方印
備注:此書爲明刻清遞修的南監二十一史之單行本。卷末鎸"康熙庚辰年江寧府儒學訓導王奕章校"。
史 2133/4360(1)

101

**周書五十卷**

(唐)令狐德棻等撰

明萬曆十六年(1588)南京國子監刻清遞修本

八册(二函)

九行十八字

白口,雙魚尾,左右雙邊

框高 20.2 厘米,寬 14.7 厘米;開本高 25.5 厘米,寬 16.2 厘米

□燾等《序》[明萬曆十六年(1588)]

版心鎸"萬曆十六年刊""順治十六年刊""康熙三十九年遞修"

鈐有"愚齋圖書館藏"朱文方印、"國立交通大學圖書館藏"朱文長方印

史 212/8011

102

**新唐書糾謬二十卷**

(宋)吴縝撰

明萬曆海虞趙開美刻本

三册(一函)

九行十八字

白口,無魚尾,四周單邊

框高 18.7 厘米,寬 12.6 厘米;開本高 27.3 厘米,寬 17 厘米

吴縝《序》[宋元祐四年(1089)]

吴縝《進新唐書糾謬表》[宋紹聖元年(1094)]

吴元美《跋》[宋紹興八年(1138)]

鈐有"曾在秦嬰闇處"朱文方印、"獨山莫氏銅井文房藏書印"朱文方印、"瑞軒"朱文方印、"嬰闇秦氏藏書"朱文方印、"既庭"朱文方印、"宋實穎印"白文方印、"墨棠之印"白文方印、"莫棠楚生父印"朱文方印、"秦曼青"白文方印、"秦更年印"白文方印、"達生"白文方印

備注:有朱、墨筆圈點。卷末鎸"海虞趙開美校刊/長洲顧植書/趙應期刻"。

史 23/6024

103

**五代史七十四卷**

(宋)歐陽修撰　(宋)徐無黨注

明崇禎三年(1630)汲古閣刻本

九册(一函)

十二行二十五字

白口,單魚尾,左右雙邊

框高 21 厘米,寬 14.8 厘米;開本高 25.5 厘米,寬 16.6 厘米

陳師錫《五代史記序》

目録前有牌記"皇明崇禎三年歲在上章敦牂且月望日琴川毛氏開雕",首卷卷端有牌記"琴川毛鳳苞氏審定宋本"

版心鎸"汲古閣　毛氏正本"

鈐有"仁和王氏退圃藏書印"朱文方印、"愚齋圖書館藏"朱文方印、"國立交通大學圖書館藏"朱文長方印

史 2143/7772

104

**宋史四百九十六卷**

(元)脱脱等撰

明成化七年至十六年(1471—1480)刻嘉靖三十五年(1556)、萬曆六年(1578)遞修本(宋史目録配抄補)

八十册(十六函)

十行二十字

有黑口、白口,雙魚尾,四周雙邊

框高21.2厘米,寬15.2厘米;開本高27厘米,寬17.8厘米

朱英《後序》[明成化十六年(1480)]

版心鐫"嘉靖丁巳年刊""嘉靖丙辰年刊""萬曆六年刊"等

版心下鐫"監生劉伊刊""監生張尚志刊""李俊寫王林刊"

目録頁鈐有"翁之繕印"白文方印、"蘭茝"朱文方印

史2151/7878

105

**遼史一百十六卷**

(元)脱脱等撰

明嘉靖南京國子監刻明清遞修本

十六册(二函)

十行二十二字

嘉靖刻:白口,雙魚尾,左右雙邊;順治補刻:白口,單魚尾,左右雙邊;康熙補刻:白口,雙魚尾,四周雙邊;乾隆補刻:白口,單魚尾,四周單邊

框高21厘米,寬19厘米;開本高25.3厘米,寬19.9厘米

版心鐫"嘉靖六年刊""嘉靖八年刊""崇禎七年刊""順治十五年刊""順治十六年刊""康熙二十年刊　江寧知府陳龍巖捐俸""康熙二十九年刊""康熙三十九年刊""乾隆十六年刊"等

史2152/7878

106

**明史三百三十二卷目録四卷**

(清)張廷玉等撰

清乾隆四年(1739)武英殿刻本

一百十二册(十二函)

十行二十一字

白口,單魚尾,左右雙邊

框高22.7厘米,寬15.4厘米;開本高28厘米,寬18.2厘米

目録頁鈐有"杭邵章伯褧收藏書籍記"朱文長方印

備注:此書曾爲近代藏書家邵章收藏,購于"京師休古齋"。

史216/1111

107

**南唐書十八卷音釋一卷**

(宋)陸游撰

明末汲古閣刻本(卷十六部分内容由生白齋抄本補配)

二册(一函)

八行十八字

白口,無魚尾,左右雙邊
框高 18.6 厘米,寬 14 厘米;開本高 26.2 厘米,寬 16.6 厘米
伊生白《跋》[清宣統三年(1911)]
版心下鎸"汲古閣"
鈐有"餘姚謝氏永耀樓藏書"朱文方印、"匏齋"朱文方印、"生白齋所閲書"白文方印、"耐龕"朱文方印、"耐龕秘籍"白文方印
備注:卷首有伊生白過録元趙世延撰《南唐書序》。

史 2643/7438

108
**南唐書十八卷音釋一卷**
(宋)陸游撰
明末汲古閣刻本
五册(一函)
八行十八字
白口,無魚尾,左右雙邊
框高 18.5 厘米,寬 14.3 厘米;開本高 19.1 厘米,寬 16.5 厘米
趙世延《序》(殘缺)
鈐有"國立交通大學圖書館藏"朱文長方印

史 2643/7438(1)

## 編年類

109
**竹書紀年二卷**
(南朝梁)沈約注　(明)吴琯校
明刻本
二册(一函)
十行二十字
白口,單魚尾,四周單邊
框高 19.8 厘米,寬 13.2 厘米;開本高 24.1 厘米,寬 15.3 厘米
備注:此爲明刊《古今逸史》零本。蟲蛀較重。第一册(卷上)有朱筆批點。

史 231/3427

110
**資治通鑑綱目五十九卷凡例一卷考異一卷**
(宋)朱熹撰
明朝鮮刻本
六十册(十四函)
十行十八字,小字雙行同
白口,雙魚尾,四周單邊
有書耳
框高 23.2 厘米,寬 17.5 厘米;開本高 34.3 厘米,寬 21.6 厘米
朱熹《序例》[宋乾道八年(1172)]
柳義孫《訓義序》[明正統三年(1438)]
鈐有"愚齋圖書館藏"朱文方印、"國立交通大學圖書館藏"朱文長方印

史 23/2540

111
**續資治通鑑長編五百二十卷**
(宋)李燾編修

清嘉慶張氏愛日精廬木活字印本
一百二十册(二十函)
十二行二十一字,小字雙行同
白口,單魚尾,四周單邊
框高 21.5 厘米,寬 15.5 厘米;開本高 28.9 厘米,寬 18 厘米
李燾《進續資治通鑑長編表》[宋乾道四年(1168)]
黄廷鑑《跋》
首有牌記"嘉慶己卯仲夏海虞張氏愛日精廬印行"
版心下鎸"愛日精廬"
鈐有"枕經書屋"朱文方印、"愚齋圖書館藏"朱文方印、"國立交通大學圖書館藏"朱文長方印
備注:書牌前鎸:"嘉慶己卯從錫山得活字十萬有奇,適錢塘何君夢華以《續資治通鑑長編》五百二十卷歸,予慫恿排印以廣其傳,始事于己卯四月,蕆役于庚辰七月,闕文訛字非顯有依據者不敢臆改,志慎也。書成謹識其緣起如此。昭文張金吾書。"

史 231/4050

112

**司馬溫公稽古録二十卷**

(宋)司馬光撰
明刻本
二册(一函)
九行十九字,小字雙行同
白口,單魚尾,四周單邊
框高 20.8 厘米,寬 15 厘米;開本高 25 厘米,寬 17.2 厘米
版心鎸刻工"翟良才""王賓四""姜培""郭英""郭完""鄒國相""熊詩五""周聰八""范正祥""黄瑞"等
鈐有"秘思古人"白文方印、"知白守墨"白文長方印

史 231/1779

113

**宋元通鑑一百五十七卷**

(明)薛應旂編 (明)陳仁錫評
明天啓六年(1626)陳仁錫刻本
二十四册(二函)
十行二十字,小字雙行同
白口,單魚尾,四周單邊
框高 21.3 厘米,寬 15 厘米;開本高 26.1 厘米,寬 16.5 厘米
陳仁錫《序》[明天啓六年(1626)]
薛應旂《序》[明嘉靖四十五年(1566)]
首頁版心下鎸"古吴金麟書 陳天禎刊"
鈐有"真州吴氏有福讀書堂藏書"朱文方印,序文鈐有"永義"朱文樹葉形印
備注:有朱筆圈點。

史 232/4400

114

**兩朝從信録二十八卷**

(明)沈國元撰
明崇禎刻本
十四册(二函)
十行二十二字,小字雙行同
白口,單魚尾,四周單邊
框高 21 厘米,寬 14.5 厘米;開本高 27.3 厘米,寬 16.8 厘米
陳懿典《序》
沈國元《述意》
版心鎸"庚申八月""十二月""二月""三月""四月"
鈐有"愚齋圖書館藏"朱文方印、"國立交通大學圖書館藏"朱文長方印

史 232/3461

115
**御撰資治通鑑綱目三編四十卷**
(清)張廷玉等纂
清乾隆内府抄本
四十册(四函)
十行二十二字
白口,單魚尾,四周雙邊
框高 23.9 厘米,寬 16.5 厘米;開本高 35.3 厘米,寬 20.1 厘米
鈐有"宜黄謝階樹紫玉藏印"白文方印、"日潛"白文方印、"子玉"朱文方印、"安徽省立安徽學院關防"朱文長方印
備注:有朱筆圈點和眉批,有貼補剜改。

史 231/1111

# 紀事本末類

116
**通鑑紀事本末二百三十九卷**
(宋)袁樞編　(明)張溥論正
明末正雅堂刻本
四十三册(四函)
存二百三十一卷(一至一百九十二、二百一至二百三十九)
九行二十字
白口,單魚尾,左右雙邊
框高 18.9 厘米,寬 14.3 厘米;開本高 26.1 厘米,寬 16.6 厘米
楊萬里《舊序》[宋淳熙元年(1174)]
趙與簒《舊序》[宋寶祐五年(1257)]
陳良弼《舊序》[元延祐六年(1319)]
張溥《序》
書名頁鎸"張天如太史論正/通鑑紀事本末/正雅堂梓"
鈐有"愚齋圖書館藏"朱文方印、"國立交通大學圖書館藏"朱文長方印
備注:有圈點、眉批。

史 241/4041.3

# 雜史類

117
**國語解九卷戰國策解十二卷**

(三國吴)韋昭注
明萬曆四十七年(1619)閔齊伋刻本
八册(一函)
九行十九字,小字雙行同
白口,無魚尾,四周單邊
框高 21 厘米,寬 14.6 厘米;開本高 26.2 厘米,寬 16.6 厘米
韋昭《國語解序》
閔齊伋《戰國策序》[明萬曆四十八年(1620)]
閔齊伋《跋》[明萬曆四十七年(1619)]
鈐有"王鑑之印"白文方印、"夢園觀過"白文方印、"葉啓芳藏"白文長方印、"葉啓芳丁酉六十藏書"朱文方印
備注:有朱筆圈點批注。天頭鎸評。

史 25112/4063

118

**戰國策評苑十卷首一卷**

(宋)鮑彪校注　(元)吴師道注　(明)穆文熙輯
明刻本
四册(一函)
十一行二十四字,小字雙行同
白口,單魚尾,左右雙邊
框高 21 厘米,寬 13 厘米;開本高 26.9 厘米,寬 16.2 厘米
劉向《戰國策序》
曾鞏《校戰國策序》
鮑彪《戰國策序》[宋紹興十七年(1147)]
□□《國策校注序》
陳祖仁《戰國策校注序》[元至正十五年(1355)]
耿延禧《括蒼刊本序》[宋紹興四年(1134)]

史 25/2607

119

**必有齋戰國策選八卷**

(明)戴文光輯
明天啓六年(1626)必有齋刻本
四册(一函)
九行二十一字,小字雙行同
白口,無魚尾,四周單邊
框高 22 厘米,寬 12.1 厘米;開本高 26.5 厘米,寬 16 厘米
陳繼儒《戰國策選標釋序》
戴文光《標釋國策緣起》
許恭《跋戰國策標釋後》[明天啓六年(1626)]
版心下鎸"必有齋"
鈐有"天都鄭永錫"朱文方印、"栩庵藏書"白文方印
備注:上下兩欄,上欄鎸評。有蟲蛀。文内有評點。

史 25113/4039

120

**貞觀政要十卷**

(唐)吴兢撰

朝鮮刻本
六册(一函)
十行十八字,小字雙行同
白口,雙魚尾,四周單邊
框高 24.3 厘米,寬 18.5 厘米;開本高 34.3 厘米,寬 20.6 厘米
明憲宗朱見深《御製貞觀政要序》[明成化元年(1465)]
徐命均《御製貞觀政要後序》[明天順二年(1458)]
吴澄《集論題辭》
郭思貞《序》[元至順四年(1333)]
戈直《序》
吴兢《序》
鈐有"杭州王氏九峰舊廬藏書之章"朱文方印

史 25142/6044

121

**五代史補五卷**

(宋)陶岳撰

**五代史闕文一卷**

(宋)王禹偁撰
明崇禎三年(1630)汲古閣刻本
一册(一函)
十二行二十五字
白口,單魚尾,左右雙邊
框高 21.2 厘米,寬 15 厘米;開本高 27.5 厘米,寬 17.4 厘米
陶岳《序》[宋大中祥符五年(1012)]
版心鐫"汲古閣　毛氏正本"
書名頁鐫"宋本校正/五代史補闕文/汲古閣藏板"
鈐有"愚齋圖書館藏"朱文方印、"國立交通大學圖書館藏"朱文長方印
備注:卷首、卷末均鐫"琴川毛鳳苞氏審定宋本"。

史 25/7770

122

**隆平集二十卷**

(宋)曾鞏撰
清康熙四十年(1701)彭期七業堂刻本
八册(一函)
九行二十字
白口,單魚尾,左右雙邊
框高 20.2 厘米,寬 13 厘米;開本高 25.4 厘米,寬 16.1 厘米
趙伯衛《序》[宋紹興十二年(1142)]

史 232/8017

123

**路史四十七卷**

(宋)羅泌撰　(宋)羅苹注
明萬曆三十九年(1611)喬可傳寄寄齋刻本
二十册(二函)
十行二十字,小字雙行同
白口,單魚尾,四周單邊
框高 20.2 厘米,寬 14.7 厘米;開

本高24.1厘米,寬16.6厘米
朱之蕃《重刻宋羅長源先生路史序》[明萬曆三十九年(1611)]
喬可傳《載識》
金堡《叙》
羅泌《序》[宋乾道六年(1170)]
費輝《别序》[宋淳熙三年(1176)]
張鼎思《豫章刻路史前紀後紀序》[明萬曆三十一年(1603)]
書名頁鎸"賦秋山彙評/羅泌路史/至誠堂藏板"

史25/6033

124
**二申野録八卷**
(清)孫之騄輯
清初刻本
八册(一函)
十行二十字,小字雙行同
白口,單魚尾,左右雙邊
框高20厘米,寬14.3厘米;開本高24.1厘米,寬15.8厘米

史25/1237

125
**三垣筆記不分卷**
(清)李清撰
清抄本
四册(一函)
九行二十四字
白口,雙魚尾,四周雙邊
框高18厘米,寬11.8厘米;開本高27.6厘米,寬16.5厘米
版心下題"鄦盦四部藁"
備注:該書在清朝無刻本,衹以抄本流傳。緑框格。

史232/4035

126
**[江南池州府石埭縣儒學考驗註册]不分卷**
(清)桂百喜編
稿本
一册(無函套)
行數字數不等
無框格;開本高19.9厘米,寬14.2厘米
備注:有塗改。有朱筆批注。

史25/4414

127
**愓齋見聞録一卷**
(清)蘇瀜撰
抄本
一册(一函)
十行二十一字
無框格;開本高28.3厘米,寬17厘米
鈐有"汪椝藏"白文長方印、"葛印"白文方印、"合肥汪松"朱文方印、"三友堂"朱文方印、"恒青欣賞"白文長方印、"公培家藏"朱文方印,卷尾有"汪也竹"朱文方印、"張氏梅君欣賞"白

文方印、“汪淳良印”白文方印、“耘皋”朱文方印

書後有初園題記:“戊辰長夏,假可廬鈔本録之。此書罕覯,同人亦鮮知者,當自練川出也。”

史 25/4435

128

**平叛記二卷**

(清)毛霦撰

清康熙四十八年(1709)刻本

二册(一函)

九行二十字,小字雙行同

白口,單魚尾,左右雙邊

框高 17.7 厘米,寬 13.6 厘米;開本高 25.4 厘米,寬 15.2 厘米

毛霦《序》[清康熙五十年(1711)]

史 2517/2010

129

**咸豐象山粤氛紀實一卷**

(清)王蒔蕙撰

抄本

一册(一函)

十行十八字

白口,雙魚尾,四周單邊

框高 15.6 厘米,寬 11.2 厘米;開本高 24.8 厘米,寬 15.7 厘米

可抱叟《序》

史 25/1044

130

**欽定英傑歸真一卷**

(清)洪仁玕製

民國十六年(1927)抄本

一册(一函)

十行字數不等

無框格;開本高 25 厘米,寬 16.7 厘米

鈐有“冶吾珍藏”白文方印

史 25/3421

## 史抄類

131

**歐陽文忠公新唐書抄二卷歐陽文忠公五代史抄二十卷**

(宋)歐陽修撰　(明)茅坤輯評

明刻本

四册(一函)

九行二十字

白口,單魚尾,四周單邊

框高 21.4 厘米,寬 15 厘米;開本高 27.2 厘米,寬 16.8 厘米

茅坤《歐陽公史抄引》

書名頁鎸“合刻唐書　五代史抄”

備注:裝訂開散,卷尾殘缺。有朱筆圈點。天頭鎸注,有佚名朱筆眉批。

史 28/7772

132

**歷代史纂左編一百四十二卷**

(明)唐順之輯

明嘉靖四十年(1561)胡宗憲刻本(卷九十五至九十六係抄補)

九十九册(七函)

存一百四十一卷(一至一百二十六、一百二十八至一百四十二)

十行二十字,小字雙行同

白口,單魚尾,四周單邊

框高 20.8 厘米,寬 14.5 厘米;開本高 27 厘米,寬 17.3 厘米

胡松《史纂左編後序》[明嘉靖四十年(1561)]

唐順之《自序》

版心鎸字數

版心鎸刻工“夏俊”“陸漢”“劉葉”“陳國祥”“高良相”“彭天”“沈喬”“章秦”“張瓚”“李潮”等

鈐有“愚齋圖書館藏”朱文方印、“國立交通大學圖書館藏”朱文長方印

備注:有朱筆圈點。



## 史評類

133

**鼎鎸金陵湯會元評釋漢書狐白三卷**

(明)湯賓尹輯 (明)朱之蕃評注

明末刻本

二册(一函)

存二卷(一至二,其中卷二不全,存“中山靖王聞樂對”至“王吉諫昌邑王疏”)

十行二十字,小字雙行同

白口,雙魚尾,四周單邊

框高 17 厘米,寬 12.3 厘米;開本高 23.7 厘米,寬 14.3 厘米

備注:上下兩欄,上欄鎸評。



134

**史通通釋二十卷附録一卷**

(清)浦起龍釋

清乾隆間梁溪浦氏求放心齋刻本

六册(一函)

九行二十二字,小字雙行同

白口,無魚尾,四周單邊

框高 19 厘米,寬 13.4 厘米;開本高 26 厘米,寬 17 厘米

浦起龍《叙》[清乾隆十七年(1752)]

郭延年《序》

王惟儉《序》

黄叔琳《序》

劉知幾《史通原序》

浦起龍《書後》

書名頁鎸“史通通釋/梁溪浦氏求放心齋定本”

備注:封頁紙張老化。

# 傳記類

135

**列女傳十六卷**

(漢)劉向撰　(明)仇英補圖

明萬曆汪氏刻清乾隆鮑氏知不足齋印本(有圖)

八册(一函)

十行二十一字

白口,單魚尾,四周單邊

框高 22 厘米,寬 15.5 厘米;開本高 29.5 厘米,寬 18.2 厘米

盧文弨《汪氏輯列女傳序》[清乾隆四十四年(1779)]

書名頁鎸"仇十洲先生繪圖/列女傳/知不足齋藏板"

鈐有"九峰舊廬珍藏書畫之記"朱文長方印

史 21026/7227

136

**神僧傳九卷**

(明)成祖朱棣撰

日本刻本

二册(一函)

十行二十字

白口,無魚尾,四周雙邊

框高 22.2 厘米,寬 14.5 厘米;開本高 27 厘米,寬 17.5 厘米

明成祖朱棣《御製神僧傳序》[明永樂十五年(1417)]

版心上鎸"支那",版心下鎸"成一""成二""成三""成四""成五""成六""成七""成八""成九""成十"

鈐有"愚齋圖書館藏"朱文方印、"國立交通大學圖書館藏"朱文長方印、"丙辰年查過"朱文圖記

史 210210/2545

137

**姓氏譜纂七卷**

(明)李日華輯　(明)魯重民補訂

明刻本

二册(無函套)

九行二十字,小字雙行同

白口,無魚尾,四周單邊

框高 21.5 厘米,寬 14 厘米;開本高 25.5 厘米,寬 15.5 厘米

沈兆昌《序》

書名頁鎸"姓氏譜纂/本衙藏板"

備注:裝訂綫松散。

史 21015/4064

138

**蘇米志林三卷**

(明)毛晋輯

明天啓五年(1625)毛氏緑君亭刻本

三册(一函)

八行十八字

白口,無魚尾,四周單邊

框高 20.2 厘米,寬 13 厘米;開本高 25.5 厘米,寬 16 厘米

毛晋《蘇子瞻跋》
毛晋《米元章跋》
版心上鐫"子瞻""元章",版心下鐫"緑君亭"
鈐有"大癡別號菰瓢"朱文方印、"陸鳴盛字九岡"朱文方印、"西濤"朱文方印、"菰瓢子"朱文長方印、"弄吟風月"朱文橢圓印
備注:缺封頁及"子瞻章次一",開卷即"子瞻章次二"。

史 21011/2010

139

**蘇米志林三卷**

(明)毛晋輯
明緑君亭刻本
三册(一函)
八行十八字
白口,無魚尾,四周單邊
框高 20 厘米,寬 13 厘米;開本高 25 厘米,寬 16 厘米
毛晋《蘇子瞻跋》
毛晋《米元章跋》
版心上鐫"子瞻""元章",版心下鐫"緑君亭"
書名頁鐫"琴川毛氏原本/蘇米志林/文粹堂藏板"
鈐有"愚齋圖書館藏"朱文方印、"國立交通大學圖書館藏"朱文長方印、"臣家錞印"朱文方印、"我是識字野夫"朱文橢圓印
備注:第一至二册裝訂開散。上卷有圈點。

史 21011/2010.2

## 政書類

140

**唐律疏議三十卷**

(唐)長孫無忌等撰
清雍正十三年(1735)日本刻本
八册(一函)
存十六卷(一至十六)
九行二十字,小字雙行同
白口,無魚尾,左右雙邊
框高 20 厘米,寬 14.1 厘米;開本高 25.7 厘米,寬 18.1 厘米
勵庭儀《序》[清雍正十三年(1735)]
柳贇《新刊故唐律疏議序》[元泰定四年(1327)]
鈐有"愚齋圖書館藏"朱文方印、"國立交通大學圖書館藏"朱文長方印、"丙辰年查過"朱文圖記

史 211.72/7118

141

**通志二百卷**

(宋)鄭樵撰
元大德三山郡庠刻元明遞修本(吴繹疏及序配抄補十六頁)
二百三十册(四十六函)

九行二十一字,小字雙行同
白口,單魚尾,左右雙邊
框高 29.8 厘米,寬 20.7 厘米;開本高 35.4 厘米,寬 23.7 厘米
吴繹《序》[元至治二年(1322)]
吴繹《疏》[元至治元年(1321)]
鄭樵《總序》
版心鎸字數
版心鎸刻工"劉九""王英玉""監生吴時元""陳士安""王仁甫""俞歷十"等
鈐有"乾隆御覽之寶"朱文橢圓印、"太上皇帝之寶"朱文方印、"天禄琳琅"朱文方印、"天禄繼鑑"白文方印、"八徵耄念之寶"朱文方印、"五福五代堂古稀天子寶"朱文方印

史 211.1/8740

142

**文獻通考三百四十卷**

(元)馬端臨撰
明嘉靖馮天馭刻萬曆崇禎遞修本
六十册(十函)
十三行二十四字,小字雙行同
白口,單魚尾,左右雙邊
框高 19.4 厘米,寬 13.9 厘米;開本高 25.8 厘米,寬 16.9 厘米
李謹思《序》[元至大元年(1308)]
版心鎸"萬曆三年、四年、八年重刊""崇禎二年、三年、四年、五年重刊"
鈐有"華東師範大學圖書館藏書章"朱文長印、"國立暨南大學圖書館珍藏"朱文方印

史 211.1/7107

143

**籌海圖編十三卷**

(明)胡宗憲輯　(明)胡維極重校
明天啓刻本
八册(一函)
存九卷(一至二、六至七、九至十三)
十二行二十二字,小字雙行同
白口,單魚尾,四周單邊
框高 20.3 厘米,寬 14.9 厘米;開本高 26.6 厘米,寬 18.1 厘米
茅坤《刻籌海圖編序》[明嘉靖四十一年(1562)]
胡思伸《敘》[明天啓四年(1624)]
書名頁鎸"新安少保胡宗憲編輯/茅鹿門先生鑒定/籌海圖編/本衙藏板"

史 211.64/4133

144

**實政録七卷**

(明)吕坤撰
明刻本
六册(無函套)
存四卷(明職一、民務二至四)
九行十八字
白口,單魚尾,四周雙邊
框高 19.8 厘米,寬 14 厘米;開本

高 26.5 厘米,寬 16.5 厘米
趙文炳《新吾吕先生實政録序》[明萬曆二十六年(1598)]

史 211.32/6045

145
**福惠全書三十二卷**
(清)黄六鴻撰
清康熙刻本
十二册(一函)
九行二十二字,小字雙行同
白口,單魚尾,四周單邊
框高 18.6 厘米,寬 12.6 厘米;開本高 23.4 厘米,寬 15.4 厘米
黄六鴻《自序》[清康熙三十三年(1694)](首頁殘破)
備注:第二至三册有蟲蛀。第十二册末老化殘缺。有圈點。有修補。

史 211.3/4403

146
**上諭摘抄、雙簽、單簽、硃簽、三簽、説帖等不分卷**
(□)□□撰
清抄本
五册(一函)
九行字數不等,小字雙行字數不等
白口,單魚尾,四周雙邊
框高 14.3 厘米,寬 12 厘米;開本高 19 厘米,寬 15.4 厘米
版心寫有"凡例""上諭摘抄""刑·雙簽""工·單簽""都察院·硃簽""都察院·單簽""都察院·雙簽三簽、説帖、剛通四月""通政司""大理寺""太常寺·單簽""太常寺·雙簽""太僕寺""國子監"等字樣,版心下方題"萬泰號"字樣
備注:清萬泰號稿紙抄録,紅框格。首卷裝訂開散,有眉批。

史 25/0000

147
**馬端肅公奏議十六卷首一卷**
(明)馬文升撰 (明)魏尚綸編集
清初刻本
二册(一函)
十行二十字
黑口,雙魚尾,四周雙邊
框高 18.5 厘米,寬 14.5 厘米;開本高 27.8 厘米,寬 16.4 厘米
謝應徵《序》[明嘉靖二十六年(1547)]
汪曰鯤《鈞陽端肅馬公序》

史 211.102/7102

148
**李鴻章函稿不分卷**
(清)李鴻章撰
清光緒抄本
十六册(三函)
七行字數不等
無框格;開本高 26.9 厘米,寬 17.9

厘米

封頁有題記："此李鴻章自光緒十一年至十六年任直隸總督時未刊函稿，爲其尺牘集所未收，殘存十六册，中亦有可供近代史研究取材者。"

備注：書前夾有南京古舊書店紙張一頁，上題"李鴻章任直隸總督時未刻函稿，殘存十六册抄本，計存列下：乙酉（光緒十一年）一册，丙戌（光緒十二年）五册，丁亥（光緒十三年）二册，戊子（光緒十四年）二册，己丑（光緒十五年）二册，庚寅（光緒十六年）二册，又不紀年二册"字樣。其中有少量朱筆圈點。



149

**歷代名臣奏議三百五十卷**

（明）黄淮　（明）楊士奇輯　（明）張溥删正

明崇禎八年（1635）刻本

八十册（八函）

上下兩欄，上欄十八行五字，下欄九行十八字

白口，單魚尾，左右雙邊

框高 20.3 厘米，寬 14.1 厘米；開本高 26.5 厘米，寬 16.8 厘米

張溥《序》［明崇禎八年（1635）］

鈐有"卧看江南雨後山"朱文方印、"宜爾子孫"白文方印、"愚齋圖書館藏"朱文方印、"國立交通大學圖書館藏"朱文長方印、"小野節家藏書"朱文方印、"惜陰亭"朱文方印、"丙辰年查過"朱文圖記

備注：有朱筆圈點。卷五十四缺第十七頁。



## 軍政類

150

**九邊圖論一卷**

（明）許論撰

明閔氏刻朱墨套印本（有圖）

一册（一函）

八行十八字

白口，無魚尾，四周單邊

框高 20.2 厘米，寬 14.1 厘米；開本高 29.6 厘米，寬 18.9 厘米

世德堂主人（顧春）《九邊圖論小引》

許論《引》

徐亮《跋》

鈐有"順德黎騷暢九據梧尋夢室所藏經籍書畫印記"白文方印、"文夢過目"白文方印

備注：金鑲玉裝。

# 地理類

151

**大明一統志九十卷**

(明)李賢等修　(明)萬安等纂

明萬壽堂刻本

五十册(五函)

十行二十二字,小字雙行同

白口,單魚尾,四周單邊

框高 21.6 厘米,寬 14.7 厘米;開本高 27.4 厘米,寬 16.7 厘米

明世宗朱厚熜《御製大明一統志序》[明天順五年(1461)]

版心下鎸"萬壽堂刊"

鈐有"三徑主人"朱文方印、"愚齋圖書館藏"朱文方印、"國立交通大學圖書館藏"朱文長方印

備注:有蟲蛀。



152

**[乾隆]天津縣志二十四卷**

(清)朱奎揚　(清)張志奇修　(清)吴廷華纂

清乾隆四年(1739)刻本(有圖)

八册(一函)

十行二十一字,小字雙行同

白口,單魚尾,四周雙邊

框高 18.7 厘米,寬 14.7 厘米;開本高 23.3 厘米,寬 15.7 厘米

陳弘謀《序》[清乾隆四年(1739)]

程鳳文《序》[清乾隆四年(1739)]

朱奎揚《序》[清乾隆四年(1739)]

張文炳《序》[清乾隆四年(1739)]

吴廷華《後序》[清乾隆四年(1739)]



153

**[乾隆]獲鹿縣志十二卷**

(清)韓國瓚修　(清)石光壐纂

清乾隆元年(1736)刻本

四册(一函)

十行二十字,小字雙行同

白口,單魚尾,四周雙邊

框高 18.2 厘米,寬 14.7 厘米;開本高 23.2 厘米,寬 17 厘米

韓國瓚《議修獲鹿縣志序》

韓國瓚《重修獲鹿縣志序》[清乾隆元年(1736)]

陳浩《序》[清乾隆元年(1736)]



154

**[康熙]靈壽縣志十卷首一卷**

(清)陸隴其修　(清)傅維樗纂

清康熙二十五年(1686)刻本

四册(一函)

十行二十三字,小字雙行同

白口,單魚尾,四周雙邊

框高 20.1 厘米,寬 13.4 厘米;開本高 24.5 厘米,寬 15.4 厘米

陸隴其《序》[清康熙二十四年

（1685）］

史 213. 2224/1414

155

［康熙］靈壽縣志十卷首一卷

（清）陸隴其修　（清）傅維樗纂

清康熙二十五年（1686）刻本

四册（一函）

十行二十三字，小字雙行同

白口，單魚尾，四周雙邊

框高 20. 1 厘米，寬 13. 4 厘米；開本高 24. 5 厘米，寬 15. 4 厘米

陸隴其《序》［清康熙二十四年（1685）］

史 213. 2224/1414（1）

156

［康熙］保定府志二十九卷

（清）紀宏謨修　（清）郭棻纂

清康熙十九年（1680）河北刻本（有圖）

十二册（一函）

十行二十字，小字雙行同

白口，單魚尾，四周雙邊

框高 21. 9 厘米，寬 16. 4 厘米；開本高 24. 7 厘米，寬 17. 7 厘米

李霨《序》［清康熙十九年（1680）］

何可化《序》［清康熙十九年（1680）］

高景《序》［清康熙十九年（1680）］

楊爾淑《序》［清康熙十九年（1680）］

師若琪《序》

韓雄岱《叙》

張鼎彝《序》

紀宏謨《序》［清康熙十九年（1680）］

郭棻《纂修郡志記》［清康熙十九年（1680）］

史 213. 2223/2713

157

［乾隆］衡水縣志十四卷

（清）陶淑纂修

清乾隆三十二年（1767）刻本

五册（一函）

十行二十字，小字雙行同

白口，單魚尾，四周單邊

框高 16. 3 厘米，寬 13. 6 厘米；開本高 24. 2 厘米，寬 15. 5 厘米

方觀承《序》

林德保《序》［清乾隆三十二年（1767）］

陶淑《重修衡水縣志序》［清乾隆三十二年（1767）］

封頁鈐有“張東坡章”朱文方印、“張東波印”白文長方印

史 213. 2224/1737

158

［乾隆］衡水縣志十四卷

（清）陶淑纂修

清乾隆三十二年（1767）刻本

五册（無函套）

十行二十字，小字雙行同

白口，單魚尾，四周單邊

框高 16. 4 厘米，寬 14. 3 厘米；開

本高23.8厘米,寬16.1厘米
方觀承《序》
林德保《序》[清乾隆三十二年(1767)]
陶淑《重修衡水縣志序》[清乾隆三十二年(1767)]
史213.2224/1737(1)

159
**[乾隆]介休縣志十四卷**
(清)王謀文纂修
清乾隆三十五年(1770)山西刻本(有圖)
八册(一函)
十行二十一字,小字雙行同
白口,單魚尾,四周雙邊
框高18.5厘米,寬13.3厘米;開本高23.3厘米,寬15.1厘米
王謀文《自序》[清乾隆三十五年(1770)]
梁錫璵《序》[清乾隆三十四年(1769)]
王埴《原序》[清康熙三十五年(1696)]
史213.2254/1000

160
**[乾隆]汾陽縣志十四卷首一卷圖表一卷**
(清)李文起修　(清)戴震纂
清乾隆三十七年(1772)刻本
八册(一函)
十行二十一字,小字雙行同
白口,單魚尾,左右雙邊
框高19厘米,寬13.5厘米;開本高26.3厘米,寬15.4厘米
俞調元《序》[清乾隆三十七年(1772)]
胡邦盛《新修汾陽縣志序》
曹學閔《新修汾陽縣志序》[清乾隆三十七年(1772)]
李文起《重修邑志序》[清乾隆三十七年(1772)]
史213.2254/4004

161
**[乾隆]蒲州府志二十四卷圖一卷**
(清)喬光烈　(清)周景柱纂修
清乾隆二十年(1755)刻本
十册(二函)
九行二十字,小字雙行同
白口,單魚尾,左右雙邊
框高19.2厘米,寬15.8厘米;開本高28.5厘米,寬17.3厘米
白恒文《序》[清乾隆十九年(1754)]
喬光烈《序》[清乾隆十九年(1754)]
周景柱《序》[清乾隆十九年(1754)]
書名頁鎸"乾隆乙亥重鎸/蒲州府志/府署藏板"
史213.2253/2090

162
**[乾隆]直隸邠州志二十五卷**
(清)王朝爵修　(清)孫星衍纂

清乾隆四十九年(1784)刻本
四册(一函)
十二行二十四字,小字雙行同
黑口,雙魚尾,四周單邊
框高 19.8 厘米,寬 15.2 厘米;開本高 27.7 厘米,寬 17.2 厘米
畢沅《序》
顧長紱《序》
張曾埁《序》
孫星衍《自序》[清乾隆四十九年(1784)]
史 213.2253/1042

163
**[正德]朝邑縣志二卷**
(明)王道　(明)韓邦靖修
明正德十四年(1519)刻本
一册(一函)
九行二十二字,小字雙行同
白口,單魚尾,左右雙邊
框高 19.9 厘米,寬 14 厘米;開本高 26.9 厘米,寬 17.2 厘米
韓邦靖《序》[明正德十四年(1519)]
康海《序》[明正德十四年(1519)]
吕柟《後序》[明正德十四年(1519)]
王道《跋》[明正德十四年(1519)]
史 213.2414/1038

164
**[正德]朝邑縣志二卷**
(明)王道　(明)韓邦靖修
**[萬曆]續朝邑縣志八卷**
(明)王學謨續纂
**[康熙]朝邑縣後志八卷**
(清)王兆鰲纂修
清康熙五十一年(1712)陝西刻本
六册(一函)
九行二十二字,小字雙行二十字
白口,單魚尾,左右雙邊
框高 20.5 厘米,寬 14.5 厘米;開本高 26.6 厘米,寬 17.3 厘米
韓邦靖《朝邑縣志序》[明正德十四年(1519)]
康海《朝邑縣志序》[明正德十四年(1519)]
吕柟《朝邑縣志後序》[明正德十四年(1519)]
王道《朝邑縣志跋》[明正德十四年(1519)]
王學謨《續朝邑縣志序》[明萬曆十二年(1584)]
雷士楨《續朝邑縣志序》
郭實《續志引》[明萬曆十二年(1584)]
王兆鰲《續朝邑縣志序》[清康熙五十一年(1712)]
王嗣美《朝邑縣續志跋》
王傳《朝邑續志跋》
張廷樞《朝邑縣後志序》[清康熙五十一年(1712)]
劉蔭樞《朝邑縣後志序》[清康熙五十一年(1712)]
曹直《朝邑縣後志序》[清康熙五十一年(1712)]

王兆鰲《朝邑縣後志序》[清康熙五十一年(1712)]
范光宗《朝邑縣後志後序》
雷應《朝邑縣後志跋》
史 213.2414/1038.2

165
**[乾隆]郃陽縣全志四卷**
(清)席奉乾修　(清)孫景烈纂
清乾隆三十四年(1769)刻本
四册(一函)
十行二十二字,小字雙行同
白口,單魚尾,四周單邊
框高 17.8 厘米,寬 14 厘米;開本高 26.6 厘米,寬 16.1 厘米
屠用中《新修郃陽縣全志序》[清乾隆三十四年(1769)]
林文德《新修郃陽縣志序》[清乾隆三十四年(1769)]
席奉乾《新刻郃陽縣全志序》[清乾隆三十四年(1769)]
張松《新刻郃陽縣全志序》[清乾隆三十四年(1769)]
王錫年《新修郃陽縣全志序》[清乾隆三十四年(1769)]
史 213.2254/0054

166
**[正德]武功縣志三卷**
(明)康海纂
清雍正刻本
一册(一函)
十行二十二字,小字雙行同
白口,單魚尾,四周雙邊
框高 21.2 厘米,寬 14.7 厘米;開本高 28.9 厘米,寬 17.3 厘米
吕柟《序》[明正德十四年(1519)](殘缺)
何景明《序》[明正德十四年(1519)]
史 213.2414/0038

167
**[康熙]武功縣志重校續志三卷**
(清)李紹韓修　(清)張文熙纂　(清)康吕賜校補
清雍正刻本
一册(與武功縣志三卷合函)
十行二十二字,小字雙行同
白口,單魚尾,四周雙邊
框高 21.4 厘米,寬 15 厘米;開本高 29 厘米,寬 17.5 厘米
□□《序》(殘缺)
備注:有墨筆圈點。
史 213.2414/0038-2

168
**[乾隆]臯蘭縣志二十卷**
(清)吴鼎新修　(清)黄建中纂
清乾隆四十三年(1778)刻本
四册(一函)
九行二十三字,小字雙行同
白口,單魚尾,四周雙邊
框高 18.2 厘米,寬 13.5 厘米;開本高 25.8 厘米,寬 16.3 厘米

信亭勒爾《序》[清乾隆三十九年(1774)]
梁濟瀍《序》[清乾隆四十三年(1778)]
郭景昌《蘭州志原序》[清康熙二十五年(1686)]
王聘賢《蘭州志原序》
王道成《蘭州志原序》[明萬曆三十八年(1610)]

史 213.2524/6060

169

**[乾隆]清水縣志十六卷**

(清)朱超纂修
清乾隆六十年(1795)刻本(有圖)
四册(一函)
九行二十字,小字雙行同
白口,單魚尾,四周雙邊
框高 20.1 厘米,寬 14.3 厘米;開本高 27.6 厘米,寬 16.6 厘米
朱超《序》[清乾隆六十年(1795)]
備注:書名頁題"縣立第二初級小學校圖書館",扉頁題有"琴山視察惠存　張鴻模敬贈"字樣。

史 213.2524/2547

170

**[乾隆]西寧府新志四十卷**

(清)楊應琚纂修
清乾隆二十七年(1762)刻本(卷三十七至四十配抄補)
十二册(一函)
九行二十一字,小字雙行同
白口,單魚尾,四周雙邊
框高 21.9 厘米,寬 17 厘米;開本高 26.3 厘米,寬 19.1 厘米
杭世駿《序》
劉洪緒《大通衛改大通縣貴德所改西寧縣縣丞序》[清乾隆二十七年(1762)]
楊應琚《序》[清乾隆十二年(1747)]
陳銛《跋》[清乾隆十二年(1747)]
備注:卷十二有圈點。

史 213.2423/4601

171

**[至元]齊乘六卷釋音一卷**

(元)于欽纂　(元)于潛釋音
清乾隆四十六年(1781)刻本
六册(一函)
十一行二十一字,小字雙行同
白口,單魚尾,左右雙邊
框高 19.8 厘米,寬 14 厘米;開本高 25.1 厘米,寬 16.7 厘米
蘇天爵《序》[元至元五年(1339)]
杜思《序》[明嘉靖四十三年(1564)]
胡德琳《重刊齊乘序》[清乾隆四十六年(1781)]
于潛《後跋》[元至正十一年(1351)]
周慶承《跋》[清乾隆四十六年(1781)]

史 213.252/1087

172

**[乾隆]濟陽縣志十四卷首一卷**

(清)胡德琳修　(清)何明禮　(清)章承茂纂

清乾隆三十年(1765)刻本(有圖)

八册(一函)

九行二十一字,小字雙行同

白口,單魚尾,左右雙邊

框高 20.5 厘米,寬 15 厘米;開本高 24.5 厘米,寬 17.1 厘米

吴興閔《序》[清乾隆二十八年(1763)]

李師琇《序》[清乾隆二十九年(1764)]

胡德琳《序》[清乾隆二十九年(1764)](殘缺)

鄭大進《序》[清乾隆三十年(1765)]

宫兆麟《序》[清乾隆三十年(1765)]

崔應階《重修濟陽縣志序》

富尼漢《序》[清乾隆三十年(1765)]

□□《重修濟陽縣志序》[清乾隆三十年(1765)](序文作者頁殘缺)

解元才《濟陽縣舊志序》

李燕《跋》[清乾隆三十七年(1772)]

何明禮《跋》[清乾隆二十九年(1764)]

邢其諫《濟陽縣舊志跋言》

史 213.2524/4721

173

**[乾隆]平原縣志十卷首一卷**

(清)黄懷祖修　(清)黄兆熊纂

清乾隆十四年(1749)縣庫刻本

四册(一函)

十行二十四字,小字雙行同

白口,單魚尾,四周雙邊

框高 19.2 厘米,寬 14.7 厘米;開本高 26.3 厘米,寬 17 厘米

宋仕《平原縣舊志序》[明萬曆十八年(1590)]

劉思誠《後序》[明萬曆十八年(1590)]

黄懷祖《重修平原縣志序》[清乾隆十三年(1748)]

書名頁鎸"乾隆己巳重修/平原縣志/縣庫藏板"

史 213.2254/4493

174

**[乾隆]夏津縣志十卷首一卷**

(清)方學成修　(清)梁大鯤纂

清乾隆六年(1741)刻本

六册(一函)

十行二十二字,小字雙行同

白口,單魚尾,左右雙邊

框高 20.2 厘米,寬 14 厘米;開本高 23.8 厘米,寬 15.5 厘米

方學成《序》[清乾隆六年(1741)]

梁大鯤《跋》(殘缺)

鈐有"李少白章"朱文方印

史 213.2524/0095

175

**[乾隆]諸城縣志四十六卷**

（清）宫懋讓修　（清）李文藻等纂
清乾隆二十九年（1764）刻本
八册（一函）
十行二十一字，小字雙行同
黑口，雙魚尾，四周單邊
框高 19.5 厘米，寬 14.8 厘米；開本高 24.5 厘米，寬 16.3 厘米
宫懋讓《重修諸城縣志序》［清乾隆二十九年（1764）］
顧士安《序》［清乾隆二十九年（1764）］
何樂善《序》［清乾隆二十九年（1764）］
趙秉忠《前志序》［明萬曆三十一年（1603）］
丁惟寧《前志序》
卞穎《後志序》［清康熙十二年（1673）］
劉必顯《後志跋》
史 213.2524/3040

176
**［乾隆］濰縣志六卷首一卷末一卷**
（清）張耀璧修　（清）王誦芬纂
清乾隆二十五年（1760）刻本
六册（一函）
九行二十一字，小字雙行同
白口，單魚尾，左右雙邊
框高 18.6 厘米，寬 13.9 厘米；開本高 23.9 厘米，寬 15 厘米
崔應階《重修濰縣縣志序》
沈廷芳《序》［清乾隆二十五年（1760）］
趙之壁《序》
洪肇楙《序》
張耀璧《序》［清乾隆二十五年（1760）］
張耀璧《修志徵言》
劉應節《舊序》
王珍《舊序》［清康熙十一年（1672）］
陳調元《舊序》［清康熙十一年（1672）］
史 213.2524/1797

177
**［乾隆］高密縣志十卷首一卷末一卷**
（清）張乃史修　（清）錢廷熊纂
清乾隆十九年（1754）刻本
四册（一函）
九行二十一字，小字雙行同
白口，單魚尾，左右雙邊
框高 19 厘米，寬 14.5 厘米；開本高 24.5 厘米，寬 16.8 厘米
張乃史《序》
錢廷熊《序》
史 213.2524/1115

178
**［乾隆］沂州府志三十六卷首一卷**
（清）李希賢修　（清）潘遇莘纂
清乾隆二十五年（1760）山東刻本
二十四册（四函）
十行二十四字，小字雙行同
白口，單魚尾，左右雙邊

框高 20.6 厘米,寬 15.9 厘米;開本高 25 厘米,寬 16.9 厘米
許松佶《序》[清乾隆二十三年(1758)]
沈廷芳《序》[清乾隆二十五年(1760)]
龔學海《序》[清乾隆二十五年(1760)]
李希賢《叙》[清乾隆二十五年(1760)]
王塏《序》[清乾隆二十一年(1756)]
沈玉琳《序》[清乾隆二十五年(1760)]
史 213.2523/4047

179
**[乾隆]曲阜縣志一百卷**
(清)潘相纂修
清乾隆三十九年(1774)刻本
十二册(二函)
十一行二十三字,小字雙行同
白口,單魚尾,左右雙邊
框高 18.5 厘米,寬 14.8 厘米;開本高 24.6 厘米,寬 16.8 厘米
李中簡《序》[清乾隆三十九年(1774)]
潘相《自序》[清乾隆三十九年(1774)]
書名頁鎸"乾隆甲午新修/曲阜縣志/聖化堂藏板"
備注:第一部蟲蛀嚴重。
史 213.2524/3246

180
**[乾隆]曲阜縣志一百卷**
(清)潘相纂修
清乾隆三十九年(1774)刻本
十二册(二函)
十一行二十三字,小字雙行同
白口,單魚尾,左右雙邊
框高 19.4 厘米,寬 14.9 厘米;開本高 24.9 厘米,寬 17 厘米
李中簡《序》[清乾隆三十九年(1774)]
潘相《自序》[清乾隆三十九年(1774)]
書名頁鎸"乾隆甲午新修/曲阜縣志/聖化堂藏板"
史 213.2524/3246(1)

181
**[康熙]鄒縣志三卷**
(清)朱承命修　(清)陳紫芝纂　(清)婁一均重輯
清康熙五十五年(1716)刻本
四册(一函)
十行二十字,小字雙行同
白口,單魚尾,四周雙邊
框高 18 厘米,寬 13.8 厘米;開本高 24 厘米,寬 17 厘米
蔣陳錫《重修鄒縣志序》
李成龍《序》[清康熙五十四年(1715)]
許大定《重修鄒縣志序》[清康熙五十五年(1716)]

金一鳳《序》[清康熙五十四年(1715)]
□□《兖州府帖文》[清康熙五十三年(1714)]
婁一均《叙》[清康熙五十四年(1715)]
胡繼先《舊序》[明萬曆三十九年(1611)]
黄應祥《舊序》[明崇禎四年(1631)]
哈爾哈齊、龔鼎孳等《奏書一道》[清康熙十一年(1672)]
朱承命《舊叙》[清康熙十一年(1672)]
史 213. 2524/2518

182
**[雍正]揚州府志四十卷**
(清)尹會一修　(清)程夢星等纂
清雍正十一年(1733)刻本(有圖)
十二册(二函)
十行二十一字,小字雙行同
白口,單魚尾,左右雙邊
框高 19. 8 厘米,寬 15 厘米;開本高 25. 5 厘米,寬 16. 5 厘米
尹會一《序》[清雍正十一年(1733)]
張萬壽《原序》[清康熙二十四年(1685)]
史 213. 2533/1781

183
**[雍正]慈谿縣志十六卷**
(清)楊正筍訂正　(清)馮鴻模纂修
清乾隆三年(1738)刻本(有圖表)
八册(一函)
十行二十二字,小字雙行同
白口,單魚尾,左右雙邊
框高 18. 5 厘米,寬 14. 5 厘米;開本高 28 厘米,寬 18 厘米
孫詔《序》
曹秉仁《序》[清雍正八年(1730)]
楊正筍《序》[清雍正八年(1730)]
許炳《序》[清雍正九年(1731)]
王時臨《重建管山亭叙》[清乾隆三年(1738)]
傅珏《重建管山亭序》[清乾隆三年(1738)]
劉天相《管山亭考》
駱培《重建管山亭序》[清乾隆三年(1738)]
鈐有“慈永誠意堂李氏家藏”白文方印、“望江書屋”朱文方印
史 213. 2554/4618

184
**[乾隆]紹興府志八十卷首一卷**
(清)李亨特修　(清)平恕　(清)徐嵩纂
清乾隆五十七年(1792)浙江刻本(有圖)
四十六册(八函)
十行二十三字,小字雙行同
白口,單魚尾,四周雙邊
框高 19. 4 厘米,寬 13. 9 厘米;開本高 25. 4 厘米,寬 16. 4 厘米

李亨特《重修紹興府志序》[清乾隆五十七年(1792)]
鈐有"諸暨圖書館之笈信"朱文長方印、"諸暨圖書館所藏印"朱文方印
史 213.2553/4002

185
**[康熙]金華府志三十卷首一卷**
(清)張藎修　(清)沈麟趾纂
清康熙二十二年(1683)浙江刻本(有圖)
十二册(二函)
九行二十字,小字雙行同
白口,單魚尾,四周雙邊
框高 22 厘米,寬 14.9 厘米;開本高 24.5 厘米,寬 15.9 厘米
張藎《重修金華郡志序》[清康熙二十二年(1683)]
洪遵《東陽志序》[宋紹興二十四年(1154)]
贍思《東陽續志序》[元至正元年(1341)]
商輅《序》[明成化十六年(1480)]
王世貞《序》[明萬曆六年(1578)]
鈐有"雨茁之印"朱文方印
史 213.2553/1144

186
**[乾隆]平陽縣志二十卷首一卷**
(清)杭世駿　(清)徐恕總裁　(清)張南英　(清)孫謙纂
清乾隆二十五年(1760)刻本(有圖)
八册(二函)
十行二十二字,小字雙行同
白口,單魚尾,四周雙邊
框高 19.8 厘米,寬 14.8 厘米;開本高 25.6 厘米,寬 17.5 厘米
杭世駿《序》[清乾隆二十四年(1759)]
徐錦《序》[清乾隆二十五年(1760)]
李琬《序》[清乾隆二十四年(1759)]
徐恕《序》[清乾隆二十三年(1758)]
鈐有"閻廬藏書"朱文方印
史 213.2554/2846

187
**[康熙]徽州府志十八卷首一卷**
(清)丁廷楗　(清)盧詢修　(清)趙吉士纂
清康熙安徽刻本(有圖)
十册(二函)
十行二十三字,小字雙行同
白口,單魚尾,四周單邊
框高 21.6 厘米,寬 15 厘米;開本高 24.5 厘米,寬 16 厘米
丁廷楗《序》[清康熙三十四年(1695)](殘缺)
趙吉士《序》[清康熙三十八年(1699)]
備注:有朱筆圈點。
史 213.2543/1014

188
**[康熙]徽州府志十八卷首一卷**

(清)丁廷楗　(清)盧詢修　(清)趙吉士纂
清康熙安徽刻本(有圖)
十册(一函)
九行二十三字,小字雙行同
白口,單魚尾,四周單邊
框高 21.9 厘米,寬 15 厘米;開本高 24.5 厘米,寬 16 厘米
丁廷楗《序》[清康熙三十四年(1695)]
趙吉士《序》[清康熙三十八年(1699)]
備注:首卷爲圖。
史 213.2543/1014(1)

189
**[雍正]巖鎮志草四卷**
(清)佘華瑞纂修
清抄本
八册(一函)
八行二十四字,小字雙行同
無框格;開本高 27.6 厘米,寬 14.9 厘米
竇容恂《叙》[清雍正十三年(1735)]
楊雲服《序》[清乾隆三年(1738)]
程佶《序》[清雍正十二年(1734)]
佘華瑞《自序》
張潮《跋》
卷首鈐有"勤齋之印"朱文方印、"祖居歙縣通德鄉長屯里"朱文方印,凡例頁鈐有"紫芷仙館"朱文方印,正文首頁鈐有"歙州羅氏所藏"白文方印
史 213.2545/8041

190
**[康熙]休寧縣志八卷**
(清)廖騰煃修
清康熙三十二年(1693)刻本(有圖)
五册(一函)
十行二十一字,小字雙行同
白口,單魚尾,四周單邊
框高 20.1 厘米,寬 14.3 厘米;開本高 26.3 厘米,寬 16.5 厘米
廖騰煃《序》[清康熙三十二年(1693)](配抄補)
汪晋徵《序》[清康熙三十二年(1693)]
黄雲企《休寧志序》[清康熙三十一年(1692)]
史 213.2544/0029

191
**[康熙]池州府志九十二卷**
(清)馬世永纂修　(清)李暲續修
清康熙五十年(1711)刻乾隆重修本(有圖)
二十册(四函)
十行二十一字,小字雙行同
黑口,雙魚尾,左右雙邊
框高 19.4 厘米,寬 13.5 厘米;開本高 25 厘米,寬 16.1 厘米
魏學誠《序》[清康熙四十六年

(1707)]
曹曰瑛《序》[清康熙五十年(1711)]
馬世永《自序》[清康熙五十年(1711)]

史 213.2543/7143

192

**[順治]封丘縣志九卷首一卷**

(清)余縉修 (清)李嵩陽纂

**[康熙]續志不分卷**

(清)王賜魁修

**[康熙]續志五卷**

(清)耿紘祚修 (清)李承紱纂
清康熙三十六年(1697)刻本
八册(一函)
十行二十一字,小字雙行同
白口,單魚尾,四周單邊
框高 20.5 厘米,寬 14.6 厘米;開本高 22.3 厘米,寬 16.5 厘米
李嵩陽《序》
萇孕秀《序》
余縉《重修封邑志小序》[清順治十六年(1659)]
王賜魁《封丘縣續志序》[清康熙十九年(1680)]
彭昌齡《封丘續志序》[清康熙十九年(1680)]
李會生《封丘縣續志跋》[清康熙十九年(1680)]
耿紘祚《封丘縣續志叙》[清康熙三十六年(1697)]

史 213.2224/8021

193

**[乾隆]溫縣志十二卷首一卷**

(清)王其華修 (清)苗于京纂
清乾隆二十四年(1759)河南刻本
四册(一函)
存十二卷(首一卷,一至四、六至十二)
十二行二十五字,小字雙行同
白口,單魚尾,左右雙邊
框高 20 厘米,寬 15 厘米;開本高 25 厘米,寬 16.5 厘米
王其華《序》[清乾隆二十四年(1759)]
張第《序》[明萬曆五年(1577)]
李若廩《序》[清順治十六年(1659)]
張明達《序》[清康熙三十四年(1695)]
張承謨《序》[清乾隆十一年(1746)]
鈐有"司法館藏書"朱文方印、"司法部圖書室"朱文方印
備注:蟲蛀嚴重。

史 213.2614/1042

194

**重刻會稽三賦四卷**

(宋)王十朋撰 (明)南逢吉注
明刻本
二册(一函)
八行十八字
白口,單魚尾,四周單邊
框高 21.2 厘米,寬 14 厘米;開本高 24.8 厘米,寬 15.7 厘米

版心鎸字數
鈐有“愚齋圖書館藏”朱文方印、“國立交通大學圖書館藏”朱文長方印

史 213.355/6072

195
**廣東新語二十八卷**
(清)屈大均撰
清康熙三十九年(1700)木天閣刻本
十二册(一函)
十一行十九字
白口,單魚尾,四周單邊
框高 19.6 厘米,寬 13.2 厘米;開本高 26.2 厘米,寬 17.1 厘米
屈大均《自序》
書名頁鎸“番禺屈翁山先生撰/廣東新語/木天閣綉版”,又有“嚴鎮阮留青堂書坊發兑古今書籍蘇浙時文”朱文圖記
備注:蟲蛀嚴重。

史 213.365/7744

196
**洛陽伽藍記五卷**
(北魏)楊衒之撰
明毛氏緑君亭刻本
一册(一函)
八行十八字
白口,無魚尾,四周單邊
框高 20.1 厘米,寬 13.3 厘米;開本高 25.9 厘米,寬 16.8 厘米
楊衒之《叙》
毛晋《跋》
版心鎸“緑君亭”
鈐有“泰和蕭敷政蒲邨氏珍藏書籍之章”白文長方印

史 213.43/4623

197
**闕里志二十四卷**
(明)陳鎬編
明正德元年(1506)刻增修本(有圖)
六册(一函)
十行二十一字
白口,雙魚尾,四周單邊
框高 22.6 厘米,寬 13.6 厘米;開本高 28.1 厘米,寬 16.2 厘米
李東陽《序》[明弘治十八年(1505)]
徐源《後序》[明弘治十八年(1505)]
陳鎬《書闕里志後》[明正德元年(1506)]
鈐有“彭仲氏”白文方印
備注:蟲蛀較重。

史 213.43/7580

198
**闕里志二十四卷**
(明)陳鎬編　(明)孔胤植補
清康熙刻本(有圖)
十册(一函)
十行十九字,小字雙行同
白口,單魚尾,四周單邊
框高 25.5 厘米,寬 15.8 厘米;開

本高 26. 6 厘米，寬 18. 8 厘米
李東陽《序》[明弘治十八年(1505)]
楊士聰《重修闕里志序》
孔胤植《後序》
史 213. 43/7580. 2

199
**齊雲山志五卷**
(明)魯點撰
明萬曆二十七年(1599)安徽刻本(有圖)
四册(一函)
十行十八字，小字雙行同
白口，無魚尾，四周單邊
框高 20. 9 厘米，寬 14. 9 厘米；開本高 27. 2 厘米，寬 16. 7 厘米
魯點《序》[明萬曆二十七年(1599)]
許國《序》
范淶《序》
程朝京《序》[明萬曆二十七年(1599)]
汪先岸《序》
鈐有"劉氏瞑梧館藏書印"朱文長方印、"朱樂藏書"朱文方印
史 213. 5254/2762

200
**武夷志略四卷**
(明)徐表然撰
明萬曆四十七年(1619)孫世昌刻本(有圖)
四册(一函)
九行二十字，小字雙行同
白口，無魚尾，四周單邊
框高 20. 4 厘米，寬 14 厘米；開本高 25. 4 厘米，寬 16. 5 厘米
陳鳴華《序》
柴世埏《武夷山志序》
彭維藩《序》
末有牌記"萬曆己未仲冬崇安孫世昌梓行晋江陳衙發刻"
書名頁鎸"陳鳴華先生編定/武夷山志/載德堂藏板"
史 213. 5257/2852

201
**黄山志定本七卷首一卷**
(清)閔麟嗣纂　(清)釋弘濟閱定
清康熙十八年(1679)閔氏自刻本(有圖)
七册(一函)
九行二十一字，小字雙行同
白口，無魚尾，四周雙邊
框高 20 厘米，寬 13 厘米；開本高 27. 6 厘米，寬 17. 7 厘米
黄士塤《序》[清康熙十八年(1679)]
吴苑《序》[清康熙二十五年(1686)]
吴綺《序》[清康熙十八年(1679)]
汪錞《序》[清康熙二十五年(1686)]
閔麟嗣《自序》[清康熙十八年(1679)]
史 213. 5254/7706

202

**［乾隆］龍虎山志十六卷**

（清）婁近垣撰

清乾隆五年（1740）刻本

六册（一函）

十行二十一字

白口，單魚尾，左右雙邊

框高 17.5 厘米，寬 13.3 厘米；開本高 25.6 厘米，寬 15.6 厘米

張鵬翀《重修龍虎山志序》［清乾隆五年（1740）］

婁近垣《重修龍虎山志自序》［清乾隆五年（1740）］

鈐有"華孫"朱文方印、"王增源印"白文方印、"寫經樓藏書"朱文長方印

史 213.5256/5034

203

**盤山志十六卷首五卷**

（清）蔣溥等纂

清乾隆二十年（1755）武英殿刻本（有圖）

十六册（三函）

九行二十一字

白口，單魚尾，四周雙邊

框高 19.5 厘米，寬 14 厘米；開本高 29.5 厘米，寬 18 厘米

清高宗弘曆《御製序》［清乾隆二十年（1755）］

蔣溥、汪由敦、董邦達《表》［清乾隆十九年（1754）］

鈐有"曾在秦嬰闇處"朱文長方印、"嬰闇秦氏藏書"朱文方印、"秦曼青"白文方印、"陶冶性靈"朱文方印、乾卦朱文圓印

史 213.5221/4433

204

**天台山方外志要十卷**

（明）釋傳燈撰　（清）齊召南訂

清乾隆三十二年（1767）息園刻本（有圖）

六册（一函）

十行二十三字，小字雙行同

白口，單魚尾，左右雙邊

框高 18.9 厘米，寬 15.1 厘米；開本高 26.9 厘米，寬 17.3 厘米

清世宗胤禛《御製崇道觀碑文》［清雍正十二年（1734）］

清高宗弘曆《御製國清寺碑文》［清乾隆元年（1736）］

釋無盡《序》［清乾隆三十二年（1767）］

鄒一桂《重修天台山方外志要序》［清乾隆三十二年（1767）］

齊召南《序》［清乾隆三十二年（1767）］

嵇璜《序》［清乾隆三十六年（1771）］

化霖《跋》［清乾隆三十二年（1767）］

書名頁鐫"乾隆丁亥春鐫/天台山方外志要/息園訂本"

鈐有"屈儀"白文方印

史 2143.5253/2729

205

**紫蓬山志稿二卷**

(清)李恩綬撰

清光緒二十年(1894)李恩綬稿本

二册(一函)

八行二十四字,小字雙行同

無框格;開本高 24.3 厘米,寬 14.9 厘米

李恩綬《紫蓬山志自叙》[清光緒二十年(1894)]

釋虚腹《紫蓬山志序》[清光緒二十一年(1895)]

鈐有"李恩綬印"白文方印

備注:有朱筆圈點。水漬嚴重。

史 213.5254/4062

206

**河防一覽十四卷**

(明)潘季馴撰

明萬曆十八年(1590)刻本(有圖)

十册(一函)

九行二十字

黑口,單魚尾,四周單邊

框高 22.6 厘米,寬 15.5 厘米;開本高 26.7 厘米,寬 17.2 厘米

于慎行《叙》[明萬曆十九年(1591)]

潘季馴《刻河防一覽引》[明萬曆十八年(1590)]

版心鎸字數

版心鎸刻工"朱子静""章穆""徐文台""錢世英"等

鈐有"蜀原鮑箕憲收藏圖書"朱文方印、"牧園"朱文葫蘆印

史 213.532/3227

207

**河防一覽十四卷**

(明)潘季馴撰

明萬曆十八年(1590)刻本(有圖)

十册(二函)

九行二十字

黑口,單魚尾,四周單邊

框高 22.5 厘米,寬 15.4 厘米;開本高 26.6 厘米,寬 16.3 厘米

于慎行《叙》[明萬曆十九年(1591)]

潘季馴《刻河防一覽引》[明萬曆十八年(1590)]

備注:有朱筆圈點。

史 213.532/3227(1)

208

**欽定河源紀略三十五卷首一卷**

(清)紀昀等撰

清乾隆武英殿刻本(有圖表)

四册(一函)

十行二十一字,小字雙行同

白口,單魚尾,四周雙邊

框高 21.5 厘米,寬 14.5 厘米;開

本高 28.5 厘米,寬 17.5 厘米
備注:卷首配有手抄《四庫全書總目》提要。
史 213.531/2767

## 金石類

209
**博古圖録三十卷**
(宋)王黼等編纂
明萬曆二十八年(1600)泊如齋刻本
十二册(一函)
八行十七字
白口,單魚尾,四周單邊
框高 25.1 厘米,寬 15.6 厘米;開本高 26.6 厘米,寬 16.9 厘米
程士莊《序》[明萬曆十六年(1588)]
版心鎸“出自歙縣刻工黄德時之手”,序末鎸“黄德時刻”
史 216.12/1023

## 目録類

210
**經義考三百卷**
(清)朱彝尊著
清乾隆二十年(1755)盧見曾刻本
四十八册(八函)
存二百九十八卷(一至二百九十八)
十二行二十三字,小字雙行同
白口,單魚尾,四周單邊
框高 19.8 厘米,寬 15 厘米;開本高 25.5 厘米,寬 16.5 厘米
陳廷敬《序》[清康熙十四年(1675)](殘缺)
盧見曾《序》[清乾隆十九年(1754)]
毛奇齡《序》[清康熙四十年(1701)]
龔翔麟《題識》
盧見曾《識》[清乾隆二十年(1755)]
鈐有“愚齋鑒藏”朱文方印、“武進盛氏所藏”朱文方印、“國立交通大學圖書館藏”朱文長方印
史 215.3/2528

# 子　　部

## 叢編類

211

**諸子彙函二十六卷**

(明)歸有光輯　(明)文震孟参訂

明天啓五年(1625)刻本

二十四册(三函)

九行十八字,小字雙行同

白口,單魚尾,四周單邊

框高 22 厘米,寬 13.5 厘米;開本高 24.5 厘米,寬 14.5 厘米

文震孟《序》[明天啓五年(1625)]

版心鎸字數

封頁鈐有"國立交通大學圖書館藏"朱文長方印

備注:有朱筆圈點。

子 3(1)/2749

## 儒家類

212

**邵子全書二十四卷**

(宋)邵雍撰

明刻本

十六册(二函)

十一行二十一字,小字雙行同

白口,單魚尾,四周雙邊

框高 20.6 厘米,寬 14.5 厘米;開本高 25.2 厘米,寬 16.5 厘米

□□《序》

邢恕《伊川擊壤集序》[宋元祐六年(1091)]

版心鎸字數

版心鎸刻工"毛""欒""鄧""李""孫"等

鈐有"李曉園家藏"朱文方印

備注:紙張老化脆化嚴重。

子 322/1700

213

**二程子全書(程氏遺書二十五卷附録一卷外書十二卷文集十二卷)**

(宋)程顥　(宋)程頤撰　(宋)朱熹輯

明嘉靖三年(1524)刻本

二十册(四函)

十行二十字

黑口,雙魚尾,四周雙邊

框高 20.3 厘米,寬 13.4 厘米;開

本高 28 厘米,寬 16.7 厘米
余祜《序》[明嘉靖三年(1524)]
鈐有"粹芬閣"白文方印
子 322/2661

214
**小學集註六卷**
(宋)朱熹撰　(明)陳選注　(明)林學曾評　(明)張應星訂　(明)曾櫻校
明成化九年(1473)刻本
二册(一函)
九行二十字,小字雙行同
白口,單魚尾,四周單邊
框高 20 厘米,寬 14 厘米;開本高 26 厘米,寬 16 厘米
陳選《小學句讀序》[明成化九年(1473)](配抄補)
鈐有"愚齋圖書館藏"朱文方印、"國立交通大學圖書館藏"朱文長方印
備注:有朱筆圈點。天頭有墨筆批注。
經 1911/2540

215
**大學衍義四十三卷**
(宋)真德秀撰
**大學衍義補一百六十卷首一卷**
(明)丘濬撰　(明)陳仁錫評
明刻本
五十册(五函)
框高 21.7 厘米,寬 15.1 厘米;補框高 21.7 厘米,寬 14.4 厘米;開本高 25.4 厘米,寬 16.7 厘米
十行二十一字,小字雙行同;補十行二十字,小字雙行同
白口,單魚尾,四周雙邊,補遺四周單邊
丁辛《序》[明崇禎十一年(1638)]
魏呈潤《重刻大學衍義序》[明崇禎八年(1635)]
真德秀《序》
真憲時《重刻大學衍義跋》
陳仁錫《大學衍義補序》
明神宗朱翊鈞《御製重刊大學衍義補敘》[明萬曆三十三年(1605)]
丘濬《大學衍義補序》
補有牌記"太史陳明卿先生評閱/大學衍義補/尚德堂藏板"
子 322/7231(2)

216
**大學衍義補一百六十卷首一卷**
(明)丘濬撰　(明)陳仁錫評
明萬曆三十三年(1605)刻本
二十四册(四函)
十行二十字,小字雙行同
白口,單魚尾,四周單邊
框高 21.2 厘米,寬 14.6 厘米;開本高 26 厘米,寬 16.5 厘米
陳仁錫《序》
丘濬《序》
明神宗朱翊鈞《御製重刊大學衍義補敘》[明萬曆三十三年(1605)]

鈐有“愚齋圖書館藏”朱文方印、“國立交通大學圖書館藏”朱文長方印、“賜福堂主人珍藏古籍碑帖書畫記”朱文方印

備注：蟲蛀、老化嚴重，破損散頁，卷末殘損。

子 322/7231

217

**呻吟語六卷**

（明）吕坤撰

清武進董氏正誼堂抄本

六册（一函）

九行十九字，小字雙行同

無框格；開本高 24 厘米，寬 16.7 厘米

吕坤《序》［明萬曆二十一年（1593）］

書名頁題“寧陵吕坤叔簡父著/呻吟語/正誼堂手録”

鈐有“愚齋圖書館藏”朱文方印、“國立交通大學圖書館藏”朱文長方印、“碧淳春影”朱文方印、“純和之印”朱文方印、“丙辰年查過”朱文圖記

備注：裝訂綫部分已斷。有朱筆圈點。卷三末題有“白下傅裕基繕録”字樣。

子 322/6045

218

**范子曨言十卷**

（明）范淶撰

明萬曆四十五年（1617）程子美刻本

二册（一函）

九行二十字

白口，單魚尾，四周單邊

框高 21.4 厘米，寬 14.2 厘米；開本高 27.5 厘米，寬 17 厘米

范淶《自引》［明萬曆三十六年（1608）］

范枓《序》

范淶《再題曨言後二卷》［明萬曆四十五年（1617）］

范槲《跋》

范檁《刻曨言跋》

詹光陛《跋》

卷首頁版心下鎸“程子美刻”

鈐有“皋泉藏書”朱文方印

備注：首有自引云：“有筆記二十卷，起自南曹辛巳，迄今戊申，皆從季爲次，而每季有曨言附其後……因録出别爲一册。”有蟲蛀。有朱筆圈點。

子 322/8835

## 道家類

219

**道德經評註二卷**

（漢）河上公章句　（明）歸有光批閲　（明）文震孟訂

明天啓刻本

一册（無函套）

九行十八字,小字雙行同
白口,單魚尾,四周單邊
框高 23.3 厘米,寬 14.5 厘米;開本高 27.2 厘米,寬 17 厘米
明太祖朱元璋《高皇帝御製道德真經序》[明洪武七年(1374)]
秦繼宗《老莊評注序》[明萬曆四十四年(1616)]
秦繼宗《序》[明天啓四年(1624)]
文震孟《老莊評注序》[明天啓四年(1624)]
河上公《序》
版心上鎸"道德真經評注",版心下鎸"竺塢藏書"
備注:上中下三欄。卷末有殘頁,首頁有缺損。有朱筆圈點。



220

**南華經内篇集註七卷首一卷**

(明)潘基慶集注
明刻本
二册(一函)
行數字數不等,小字雙行字數不等
白口,單魚尾,四周單邊
框高 21.5 厘米,寬 15.4 厘米;開本高 26.2 厘米,寬 16.7 厘米
郭象《南華真經序》
鈐有"懷真樓"白文方印、"宗吾氏"朱文方印、"程岱之印"白文方印
備注:有朱筆圈點、眉批。



221

**南華真經旁註五卷**

(明)方虚名輯注　(明)孫平仲音校
明萬曆黄仕遷刻本(卷二至三、五配抄補)
五册(一函)
大小間行,各六行;大行十七字,小行旁注字數不等
白口,單魚尾,左右雙邊
框高 23.2 厘米,寬 15 厘米;開本高 27.2 厘米,寬 17 厘米
方虚名《序》[明萬曆二十二年(1594)]
方時化《序》[明萬曆二十二年(1594)]
卷一版心下鎸"吉水黄仕遷刻"
鈐有"不其之人"朱文方印、"墨授"朱文方印、"紹興氏"白文方印、"忠"白文方印
備注:上下兩欄。眉端有忠孫(悔愚子)墨筆過録月峰先生評語。有圈點。



## 兵家類

222

**登壇必究四十卷**

(明)王鳴鶴編輯　(明)袁世忠校正
明萬曆刻本
四十册(四函)

九行二十字，小字雙行同
白口，單魚尾，四周單邊
框高 20.7 厘米，寬 15 厘米；開本高 29.7 厘米，寬 18 厘米
王鳴鶴《叙》[明萬曆二十六年(1598)]
徐鑾《叙》
張朝瑞《叙》[明萬曆二十七年(1599)]
鈐有"愚齋圖書館藏"朱文方印、"國立交通大學圖書館藏"朱文長方印
備注：有蟲蛀。卷末鎸"門生廣陵方元壯貴陽鍾伏武仝校"。

子 331/1064

223

**武備志二百四十卷**

(明)茅元儀輯
明天啓刻本(有圖)
四十册(八函)
九行十九字，小字雙行同
白口，無魚尾，四周單邊
框高 20.7 厘米，寬 14.3 厘米；開本高 24.5 厘米，寬 15.6 厘米
顧起元《序》[明天啓元年(1621)]
李維楨《序》[明天啓元年(1621)]
張師繹《序》[明天啓元年(1621)]
郎文焕《序》[明天啓元年(1621)]
茅元儀《序》[明天啓元年(1621)]
卷端版心下鎸"秣陵章弼寫　高梁刻"
鈐有"内藤耻叟藏書"朱文方印、"島原秘藏"朱文方印、"文庫"朱文橢圓印、"内藤耻叟"朱文圓印、"愚齋圖書館藏"朱文方印、"國立交通大學圖書館藏"朱文長方印
備注：蟲蛀嚴重，破損嚴重。

子 331/4412

224

**洴澼百金方十四卷**

題(清)惠麓酒民(袁宫桂)編訂
清抄本(有圖)
十册(一函)
九行二十四字
無框格；開本高 29.8 厘米，寬 17.8 厘米
鈐有"謝氏經籍金石書畫記"朱文方印、"于湖謝氏家藏"朱文長方印
備注：有朱筆圈點，墨筆眉批。

子 331/5043

225

**洴澼百金方十四卷**

題(清)惠麓酒民(袁宫桂)編訂
清抄本(有圖)
八册(一函)
九行二十三字
無框格；開本高 24.3 厘米，寬 17.7 厘米
惠麓酒民《序》

□□《序》

書首有題識云:“謂是其鄉人(錫山)袁宫桂所著,諸生偃蹇不得志,以卒十餘年矣,其生平隱于酒,故自號酒民,今鄉人子弟相與共鈔其書,往往得善價以售于外。”

備注:毛裝。有朱筆圈點、小字夾注及眉批。

子 331/5043(1)

## 法家類

226

**管子二十四卷**

(唐)房玄齡注釋　(明)劉績增注　(明)沈鼎新　(明)朱養純參評

明天啓五年(1625)朱養純花齋刻本

二册(一函)

存六卷(十至十五)

九行二十字,小字雙行同

白口,單魚尾,四周單邊

框高 19.9 厘米,寬 13.6 厘米;開本高 29.5 厘米,寬 16.9 厘米

版心下鎸“花齋藏板”

備注:有墨筆圈點,眉端有評語。

子 314/3002

## 農家類

227

**康熙御製耕織圖不分卷**

(清)聖祖玄燁題詩　(清)焦秉貞繪畫

清刻本

一册(無函套)

存四十五幅畫,缺一幅

上圖下文,文十行三字

無框格;開本高 38.7 厘米,寬 28.7 厘米

清聖祖玄燁《序》[清康熙三十五年(1696)](殘缺)

鈐有“康熙宸翰”朱文方印、“稽古右文之章”白文方印

備注:老化破損嚴重。

子 3926/2022

228

**蠶桑麻竹説不分卷**

(清)沈練撰

清稿本

一册(一函)

九行二十二字,小字雙行字數不等

白口,單魚尾,四周雙邊

框高 19.2 厘米,寬 11.2 厘米;開本高 27 厘米,寬 15.3 厘米

牛健亭《蠶桑説原序》[清道光二十年(1840)]

夏燮《廣蠶桑説序》[清同治二年(1863)]

版心題“朱敬勤堂”

備注:蟲蛀嚴重。附山東繭志。

子 34/3425

## 醫家類

229

**丹溪心法附餘二十四卷首一卷**

(明)方廣輯

明刻本

七册(一函)

十一行二十四字

白口,單魚尾,四周單邊

框高度及寬度不一;開本高 25.2 厘米,寬 15 厘米

賈咏《序》[明嘉靖十五年(1536)]

方廣《序》[明嘉靖十五年(1536)]

鈐有"愚齋圖書館藏"朱文方印、"國立交通大學圖書館藏"朱文長方印

備注:字體不一,印刷漫漶,蓋補刻過多。有抄補多頁。蟲蛀嚴重。

子 376/0009

## 術數類

230

**三命通會十二卷**

題(明)育吾山人(萬民英)撰

清雍正十三年(1735)金陵李氏刻本

十二册(二函)

十行二十字

白口,單魚尾,左右雙邊

框高 21 厘米,寬 14 厘米;開本高 26.2 厘米,寬 15.5 厘米

蔣國祥《序》[清雍正十三年(1735)]

備注:蟲蛀嚴重。

子 387/4424

231

**易冒十卷**

(清)程良玉著

清康熙四十三年(1704)刻本(卷六至八配抄補)

四册(一函)

九行二十字

白口,單魚尾,四周單邊

框高 19.5 厘米,寬 14.3 厘米;開本高 23 厘米,寬 15.5 厘米

程良玉《序》[清康熙三年(1664)]

高鳳岐《題贈》

書名頁鎸"康熙四十三年重刊/新安瞽目程元如著　錢唐旅堂胡彦遠定/易冒/金谷園梓行"

備注:有朱筆圈點。第二至四册有部分内容刊印不清晰。

子 383/2631

## 藝術類

232

**東觀餘論二卷**

(宋)黄伯思撰

明末汲古閣刻本

一册(一函)
存卷下、附録
八行十九字
白口,無魚尾,左右雙邊
框高 18.6 厘米,寬 13.5 厘米;開本高 26.4 厘米,寬 16.6 厘米
版心下鎸"汲古閣"
子 391/4426

233
**鐵網珊瑚二十卷**
(明)都穆撰
清乾隆刻本
十二册(一函)
十行二十二字
白口,單魚尾,左右雙邊
框高 17.1 厘米,寬 13.4 厘米;開本高 25.5 厘米,寬 15.7 厘米
沈德潛《序》[清乾隆二十三年(1758)]
備注:卷首封頁鎸"吴郡都太僕編/鐵網珊瑚/本衙藏板"。
子 3921/4727

234
**漢谿書法通解八卷**
(清)戈守智　(清)陸培纂　(清)陸聲鐘編次
清乾隆十五年(1750)霽雲閣刻本(有圖)
四册(一函)
九行二十一字,小字雙行字數不等
白口,單魚尾,四周單邊
框高 16.7 厘米,寬 11 厘米;開本高 25.9 厘米,寬 15.2 厘米
金志章《序》[清乾隆十五年(1750)]
厲鶚《序》
梁啓心《序》
梁詩正《序》
版心上鎸"霽雲閣珍藏"
備注:卷首鎸"漢溪書法通解　翻版必究",卷末鎸"平湖縣東張松年鎸"。
子 3923/5338

235
**十竹齋畫譜不分卷**
(明)胡正言輯
明刻彩色套印本
五册(無函套)
行數字數不等
四周雙邊
框高 20.5 厘米,寬 24.6 厘米;開本高 25 厘米,寬 30 厘米
蘭溪居士《題十竹齋畫册小引》[明崇禎十六年(1643)]
王三德《胡曰從書畫譜引》
乘槎子《十竹齋墨華題辭》
韓文鏡《弁十竹齋果譜》
楊文驄《翎毛譜小序》[明天啓七年(1627)]
備注:毛裝。
子 3926/4710

236

**唐六如畫譜二卷**

(明)唐寅編

明萬曆清繪齋刻本

一册(無函套)

白口,無魚尾,四周單邊

框高 27 厘米,寬 18.5 厘米;開本高 31.3 厘米,寬 21.4 厘米

唐寅《序》

鈐有"粹芬閣"白文方印

子 3926/0030

237

**[唐詩畫譜]不分卷[唐詩七言畫譜]不分卷**

(明)黄鳳池輯

明刻本

二册(一函)

四周單邊

框高 27 厘米,寬 18.5 厘米;開本高 31.3 厘米,寬 21.4 厘米

□□《唐詩畫譜序》

□□《唐詩畫譜叙》(殘缺)

林之盛《唐詩七言畫譜叙》

鈐有"粹芬閣"白文方印

子 3926/4473

238

**晚笑堂畫傳一卷明太祖功臣圖一卷**

(清)上官周撰

清乾隆八年(1743)刻本

二册(一函)

左右雙邊

框高 22.4 厘米,寬 14.9 厘米;開本高 27.7 厘米,寬 17.6 厘米

楊于位《序》[清乾隆八年(1743)]

上官周《序》[清乾隆八年(1743)]

版心鐫"晚笑堂畫傳""明太祖功臣圖"

子 3925/2137

239

**方氏墨譜六卷**

(明)方于魯編

明萬曆十六年(1588)方氏美蔭堂刻本

八册(一函)

白口,單魚尾,四周單邊

框高 23.4 厘米,寬 14.3 厘米;開本高 31.5 厘米,寬 18.9 厘米

汪道昆《方于魯墨譜引》[明萬曆十一年(1583)]

李維楨《墨譜序》

黄雲卿《題方氏墨雜言八則》

王穉登《方建元墨譜序》[明萬曆十七年(1589)]

方宇《書墨譜後》[明萬曆十六年(1588)]

版心下鐫"美蔭堂集"

卷一目録鐫"守言刻",卷二目録鐫"黄志時刻"

子 3927/0002

240

**飛鴻堂印譜五集四十卷**

(清)汪啓淑輯

清乾隆鈐印本

二十册(二函)

白口,單魚尾,四周雙邊

框高 22.2 厘米,寬 14.1 厘米;開本高 26 厘米,寬 15.3 厘米

初集卷一至二淩如焕《序》,鮑鉁《跋》,卷三至四李果《序》,閻沛年《跋》[清乾隆十年(1745)],卷五至六顧成天《序》[清乾隆十四年(1749)],孫陳典《序》[清乾隆十二年(1747)],徐賦《跋》,卷七至八張湄《序》,汪樹琪《跋》[清乾隆十四年(1749)]

二集卷一至二周宣猷《詩序》[清乾隆十三年(1748)],王謨《詩》,徐鍵《跋》,卷三至四毛咏《序》[清乾隆十五年(1750)],傅王露《詩序》[清乾隆二十年(1755)],趙大鯨《跋》,卷五至六顧觀《序》,施謙《詞》,汪沆《跋》,卷七至八孫彦《序》,倪承寬《詩》[清乾隆二十九年(1764)],張弘殿《跋》

三集卷一至二沈德潛《序》[清乾隆十四年(1749)],吴晨《詞》,丁敬《跋》,卷三至四李果《序》,王又曾《詞》,葉長楊《跋》,卷五至六周宣武《序》[清乾隆十四年(1749)],吴城《詩》,江永《跋》[清乾隆十八年(1753)],卷七至八陸鈞《序》,盛曉心《詞》,徐曰璉《跋》[清乾隆二十二年(1757)]

四集卷一至二葉世度《序》[清乾隆十四年(1749)],吴晨《詞》,舒瞻《跋》[清乾隆十八年(1753)],卷三至四江權《序》,盛曉心《詞》,彭元瑋《跋》,卷五至六梁詩正《序》[清乾隆二十一年(1756)],吴山秀《詞》,葛淳《跋》[清乾隆二十二年(1757)],卷七至八胡瑨《序》[清乾隆二十年(1755)],王又曾《詞》

五集卷一至二齊召南《序》,張霽《跋》,卷三至四方桑如《序》,周震榮《跋》,卷五至六萬方極《序》[清乾隆十四年(1749)],吴蒙《跋》[清乾隆十八年(1753)],薛雪《序》[清乾隆十八年(1753)]

鈐有“冬心先生”朱文方印、“金農印信”朱文方印

子 3942/3133

## 雜家類

241

**吕氏春秋二十六卷**

(戰國)吕不韋撰　(漢)高誘訓解

明萬曆刻本

十六册(二函)
十行二十字,小字雙行同
白口,無魚尾,左右雙邊
框高 19.3 厘米,寬 14.4 厘米;開本高 25.9 厘米,寬 16.2 厘米
高誘《序》
子 318/6014

242
**淮南鴻烈解二十一卷**
(漢)劉安撰　(漢)高誘注　(明)茅一桂訂
明萬曆刻本
四册(一函)
九行十九字,小字雙行同
白口,單魚尾,左右雙邊
框高 22.3 厘米,寬 12.8 厘米;開本高 28.9 厘米,寬 16.5 厘米
王宗沐《重刊淮南鴻烈批評序》
鈐有"愚齋圖書館藏"朱文方印、"國立交通大學圖書館藏"朱文長方印、"一字百師"朱文圓印
子 3101/7230

## 雜著類

243
**獨異志三卷**
(唐)李冗撰
明刻本(卷下配抄補)
三册(一函)
九行二十字
白口,單魚尾,四周單邊
框高 20.5 厘米,寬 14.2 厘米;開本高 25.2 厘米,寬 17.7 厘米
備注:金鑲玉裝。
子 3102/4027

244
**夢溪筆談二十六卷補筆談三卷續筆談一卷**
(宋)沈括撰
明崇禎四年(1631)刻本
八册(一函)
九行十八字,小字雙行同
黑口,無魚尾,左右雙邊
框高 19 厘米,寬 12.9 厘米;開本高 25.6 厘米,寬 15.9 厘米
馬元調《重刻夢溪筆談序》[明崇禎四年(1631)]
馬元調《重刻夢溪筆談後序》[明崇禎四年(1631)]
沈括《夢溪筆談序》
湯修年《筆談跋》[宋乾道二年(1166)]
馬元調《重編補筆談序》
書名頁鎸"重刻夢溪筆談/字畫悉照宋刻"
鈐有"古講堂藏書"白文方印
子 3102/3452

245
**慈溪黄氏日抄分類九十七卷附古今紀**

**要十九卷**
(宋)黄震撰
明正德十四年(1519)書林龔氏刻本
六十四册(八函)
黄氏日抄十四行二十六字,小字雙行同;古今紀要十一行或十二行二十二字,小字雙行同
黑口,雙魚尾,四周雙邊,卷三十左右雙邊
黄氏日抄框高 19.4—20.4 厘米,寬 13.2 厘米;古今紀要框高 18.8 厘米,寬 13.3 厘米;開本高 25.7 厘米,寬 16.3 厘米
沈逵《黄氏日抄序》[元至元三年(1337)]
卷二十二末有牌記"正德戊寅歲孟冬龔氏明實堂新刊",卷五十六末有牌記"正德戊寅歲秋九月菊節龔氏明實堂刊",序末有牌記"正德己卯孟秋書林龔氏重刊"
子 3103/4410

246
**東垣十書二十二卷**
(金)李杲輯
明刻本
十六册(一函)
十行二十字
白口,單魚尾,四周雙邊
框高 20 厘米,寬 13 厘米;開本高 24.3 厘米,寬 15.8 厘米
王肯堂《序》
鈐有"愚齋圖書館藏"朱文方印、"國立交通大學圖書館藏"朱文長方印
子 3722./4060

247
**南村輟耕録三十卷**
(元)陶宗儀著
明玉蘭草堂刻本
八册(一函)
十行二十一字,小字雙行同
白口,單魚尾,左右雙邊
框高 19.5 厘米,寬 13.4 厘米;開本高 25 厘米,寬 16.7 厘米
孫作《序》[元至正二十六年(1366)]
版心鎸"玉蘭草堂"
版心鎸刻工"楊子厚""楊淳""子文""子承""光甫"等
子 3102/7132

248
**秇林伐山二十卷**
(明)楊慎著　(明)孫居相　(明)李雲鵠校
明萬曆刻本
四册(一函)
九行十九字,小字雙行同
白口,無魚尾,四周雙邊
框高 20.2 厘米,寬 15.6 厘米;開本高 26.1 厘米,寬 18.8 厘米
孫居相《序》[明萬曆三十五年

(1607)]
李雲鵠《序》[明萬曆三十五年(1607)]
首頁版心下鎸"戴惟孝刊"
子 318/4694

249
**增補遵生八箋十九卷**
(明)高濂撰　(明)鍾惺較閲
明刻本
十册(一函)
九行十八字,小字雙行同
白口,單魚尾,四周單邊
框高 21 厘米,寬 12.3 厘米;開本高 22.5 厘米,寬 13.4 厘米
高濂《叙》[明萬曆十九年(1591)]
版心下鎸字數
書名頁鎸"鍾伯敬先生重訂/增補遵生八箋/課花書屋藏板"
卷首鈐有"愚齋圖書館藏"朱文方印、"國立交通大學圖書館藏"朱文長方印、"丙辰年查過"朱文圖記
備注:此書有補版,印刷不清的地方有朱筆抄補。
子 3102/0030

250
**玉芝堂談薈三十六卷**
(明)徐應秋輯
明末徐應秋蒨園刻本
二十册(二函)
九行十九字,小字雙行同
白口,單魚尾,四周單邊
框高 19.1 厘米,寬 14.2 厘米;開本高 26.8 厘米,寬 16.8 厘米
周嬰《序》
鄭龍禎《序》
徐應秋《小序》
備注:有朱筆圈點。書中有蟲蛀。卷二十四末有殘缺。
子 3102/2802

251
**説類六十二卷**
(明)葉向高輯
明刻本
二十四册(四函)
十行二十字,小字雙行同
白口,單魚尾,有左右雙邊、四周單邊
框高 21.9 厘米,寬 15 厘米;開本高 26.9 厘米,寬 16.9 厘米
葉向高《序》
鈐有"穗成藏書"朱文方印
備注:卷四有朱筆題識,卷七、四十六有朱筆圈點,卷三十八、四十八有朱筆圈改,卷四十六有夾批。
子 3102/4420

252
**少室山房筆叢正集三十二卷續集十六卷**
(明)胡應麟撰

明萬曆三十四年(1606)新安吴勉學刻本
二十册(四函)
十行二十字,小字雙行同
白口,單魚尾,左右雙邊
框高 19.7 厘米,寬 14.3 厘米;開本高 26.4 厘米,寬 16.5 厘米
黄吉士《序》[明萬曆三十四年(1606)]
孫居相《序》[明萬曆三十四年(1606)]
陳文燭《序》
子 3102/4100

253
**智囊補二十八卷**
(明)馮夢龍輯
明萬曆至天啓年間書林經綸堂刻本
十一册(一函)
存二十六卷(一至八、十一至二十八)
十行二十字
白口,單魚尾,四周單邊
框高 12 厘米,寬 9 厘米;開本高 16.8 厘米,寬 11 厘米
馮夢龍《叙》
書名頁鎸"馮猶龍先生訂/新增智囊補/經綸堂藏板"
子 311.24/3140

254
**日知録三十二卷**
(清)顧炎武撰
清康熙刻本
十二册(二函)
十一行二十二字,小字雙行同
白口,單魚尾,左右雙邊,卷三十一有四周單邊
框高 19.7 厘米,寬 15 厘米;開本高 25.7 厘米,寬 16.2 厘米
潘耒《序》[清康熙三十四年(1695)]
顧炎武《題識》
書名頁鎸"顧寧人先生著/日知録/遂初堂藏板"
鈐有"江南省狀元境内光霽堂周氏書林發兑專記"朱文方印
子 3102/3191

255
**因樹屋書影十卷**
(清)周亮工撰
清康熙六年(1667)刻本
十册(一函)
九行十八字,小字雙行同
白口,單魚尾,四周單邊
框高 17.5 厘米,寬 13.3 厘米;開本高 26.5 厘米,寬 16.7 厘米
姜承烈《序》[清康熙六年(1667)]
徐芳《序》[清康熙六年(1667)]
版心上鎸"書影",版心下鎸"因樹屋"
書名頁鎸"櫟下老人筆記/書影/賴古堂藏板"
備注:卷首題"裔孫恒福重刻"。

金鑲玉裝。有圈點。

子 3102/7701. 2

256

**因樹屋書影十卷**

(清)周亮工撰　(清)螺隱校訂

清雍正三年(1725)懷德堂據賴古堂原本刻本

四册(一函)

九行十八字,小字雙行同

白口,單魚尾,四周單邊

框高 17.5 厘米,寬 13.4 厘米;開本高 24.1 厘米,寬 15 厘米

姜承烈《序》[清康熙六年(1667)]

徐芳《序》[清康熙六年(1667)]

高阜《序》

杜濬《序》

黄虞稷《序》

周在廷《重刻序》[清雍正三年(1725)](殘缺)

張遂辰《跋》

鄧漢儀《跋》

周鹿峰《跋》

版心上鎸"書影",版心下鎸"因樹屋"

書名頁鎸"櫟下老人筆記/賴古堂原本　書影/懷德堂梓"

鈐有"愚齋圖書館藏"朱文方印、"國立交通大學圖書館藏"朱文長方印、"長白什勒氏珍藏書畫印"朱文方印、"蔚如"白文方印

子 3102/7701

257

**因樹屋書影十卷**

(清)周亮工撰

清雍正因樹屋刻本

十册(一函)

九行十八字,小字雙行同

白口,單魚尾,四周單邊

框高 17.5 厘米,寬 13.4 厘米;開本高 29.3 厘米,寬 16.5 厘米

姜承烈《序》[清康熙六年(1667)]

徐芳《序》[清康熙六年(1667)]

高阜《序》

杜濬《序》

黄虞稷《序》

周在廷《重刻序》[清雍正三年(1725)]

張遂辰《跋》

鄧漢儀《跋》

周鹿峰《跋》

書名頁鎸"櫟下老人筆記/賴古堂原本　書影/懷德堂梓"

鈐有"文明閣李氏圖書記"朱文方印

備注:金鑲玉裝。有眉批、夾批。

子 3102/7701(1)

258

**天祿識餘十二卷**

(清)高士奇輯

清康熙二十九年(1690)刻本

四册(一函)

十一行十九字

黑口,雙魚尾,四周單邊
框高 18.8 厘米,寬 13.5 厘米;開本高 25.9 厘米,寬 16.3 厘米
尤侗《序》[清康熙二十九年(1690)]
毛奇齡《序》[清康熙二十九年(1690)]
高士奇《序》[清康熙二十九年(1690)]
書名頁鎸"高竹窗編輯/天禄識餘/朗潤堂藏板"
備注:每卷末鎸"男元受校字"。

子 3103/0044

259

**潛邱劄記六卷**

(清)閻若璩撰
清乾隆十三年(1748)大成齋據眷西堂原本刻本
十册(一函)
十一行二十字,小字雙行同
白口,單魚尾,左右雙邊
框高 19.2 厘米,寬 14.3 厘米;開本高 27.4 厘米,寬 17.3 厘米
王允謙《序》[清乾隆十年(1745)]
沈儼《序》[清乾隆九年(1744)]
閻學林《序》[清乾隆九年(1744)]
版心下鎸"眷西堂"
書名頁鎸"潛邱札記/閻百詩先生全集/眷西堂原本　大成齋重梓"
鈐有"復盦"朱文長方印、"錫之珍藏圖書"朱文方印
備注:有圈點、批注。

子 3103/7741

## 小説家類

260

**世説新語八卷**

(南朝宋)劉義慶撰　(南朝梁)劉孝標注　(宋)劉辰翁批釋　(明)王世懋批點
明萬曆八年(1580)刻本
八册(一函)
九行二十字,小字雙行同
白口,單魚尾,左右雙邊
框高 19.8 厘米,寬 12.2 厘米;開本高 25.8 厘米,寬 16.6 厘米
王世懋《序》[明萬曆八年(1580)]
劉應登《舊序》
袁褧《舊序》[明嘉靖十四年(1535)]
董弅《跋》[宋紹興八年(1138)]
陸游《跋》[宋淳熙十五年(1188)]
鈐有"愚齋圖書館藏"朱文方印、"國立交通大學圖書館藏"朱文長方印
備注:有眉批。

子 310/7280

261

**世説新語八卷**

(南朝宋)劉義慶撰　(南朝梁)劉孝

標注 (宋)劉辰翁批釋 (明)王世懋批點
明凌瀛初刻四色套印本
八册(二函)
八行十八字,小字雙行同
白口,無魚尾,四周單邊
框高 21.4 厘米,寬 14 厘米;開本高 27 厘米,寬 17.7 厘米
王世懋《批點世説新語序》
劉應登《舊序》
袁褧《舊序》[明嘉靖十四年(1535)]
喬懋敬《舊序》[明萬曆九年(1581)]
□□《舊題》
董弅《舊跋》[宋紹興八年(1138)]
陸游《舊跋》[宋淳熙十五年(1188)]
凌瀛初《跋》
鈐有"粹芬閣"白文方印
子 310/7280.2

262
**世説新語補二十卷**
(南朝宋)劉義慶撰 (南朝梁)劉孝標注 (宋)劉辰翁批釋 (明)何良俊增 (明)王世貞删定 (明)王世懋批釋 (明)張文柱校注
明萬曆十三年(1585)昆山唐周刻本
七册(一函)
存十四卷(一至六、十三至二十)
九行十八字,小字雙行同
白口,單魚尾,四周單邊
框高 19.2 厘米,寬 12.8 厘米;開本高 29.4 厘米,寬 18.8 厘米
王世貞《序》[明嘉靖三十五年(1556)]
王世懋《世説新語序》[明萬曆八年(1580)]
王世懋《世説新語再序》[明萬曆十三年(1585)]
劉應登《舊序》
袁褧《世説新語舊序》[明嘉靖十四年(1535)]
董弅《世説新語舊題》[宋紹興八年(1138)]
陸游《世説新語舊跋》[宋淳熙十五年(1188)]
文徵明《何氏語林舊序》[明嘉靖三十年(1551)]
陸師道《何氏語林舊序》
鈐有"三十六峰中人"白文方印、"許頤壽印"白文方印
子 310/7280.3

263
**李卓吾批點世説新語補二十卷**
(南朝宋)劉義慶撰 (南朝梁)劉孝標注 (宋)劉辰翁批釋 (明)何良俊增 (明)王世貞删定 (明)王世懋批釋 (明)李贄批點 (明)張文柱校注
明萬曆十四年(1586)日本刻本
十册(無函套)
九行十八字
框高 22.6 厘米,寬 14 厘米;開本高 26.7 厘米,寬 18.4 厘米

王世貞《世説新語補序》[明嘉靖三十五年(1556)]
王世懋《世説新語序》[明萬曆八年(1580)]
王世懋《世説新語再序》[明萬曆十三年(1585)]
劉應登《舊序》
袁褧《世説新語舊序》[明嘉靖十四年(1535)]
董弅《世説新語舊題》[宋紹興八年(1138)]
陸游《世説新語舊跋》[宋淳熙十五年(1188)]
文徵明《何氏語林舊序》[明嘉靖三十年(1551)]
陸師道《何氏語林舊序》
陳文燭《刻世説新語補序》[明萬曆十四年(1586)]
鈐有"愚齋圖書館藏"朱文方印、"國立交通大學圖書館藏"朱文長方印

子 310/7280.4

264

**新刻出像增補搜神記六卷**

(晋)干寶撰
明金陵大盛堂刻本
六册(一函)
十一行二十字
白口,單魚尾,四周單邊
框高 18.9 厘米,寬 12.3 厘米;開本高 26.3 厘米,寬 15.2 厘米
羅懋登《引搜神記首》
書名頁鎸"刻出像增補搜神記大全/金陵大盛堂梓"
鈐有"熊松泉印"朱文方印
備注:金鑲玉裝。

集 461/1030

# 類書類

265

**藝文類聚一百卷**

(唐)歐陽詢等輯
明嘉靖六年至七年(1527—1528)胡纘宗刻本(卷二、四十二、九十一配抄補)
二十八册(四函)
十四行二十八字,小字雙行同
白口,單魚尾,左右單邊
框高 22.3 厘米,寬 16 厘米;開本高 27 厘米,寬 17.6 厘米
胡纘宗《刻藝文類聚序》
歐陽詢《序》
版心鎸刻工"陸雲""章景華"等
鈐有"沈慈印記十峰鑒藏"朱文方印、"欲其自得之室"朱文方印、"沈慈印"白文方印、"茂陵秋雨詞人"白文方印、"看雲館珍藏"朱文長方印

子 311.2/7710

266

**藝文類聚一百卷**

(唐)歐陽詢等輯

明萬曆十六年(1588)白下王孟起刻本

十册(二函)

十行二十字,小字雙行同

白口,單魚尾,左右雙邊

框高 20 厘米,寬 13.7 厘米;開本高 26.9 厘米,寬 17 厘米

胡纘宗《刻藝文類聚序》

湯聘尹《重刊藝文類聚序》

備注:首末有殘,無書衣。

子 311.2/7710(1)

267

**初學記三十卷**

(唐)徐堅等撰

明嘉靖十年(1531)錫山安國桂坡館刻本

二十八册(四函)

九行十八字,小字雙行二十四字

白口,單魚尾,左右雙邊

框高 20.7 厘米,寬 16.3 厘米;開本高 28.8 厘米,寬 18 厘米

劉本《序》[宋紹興四年(1134)](殘缺)

版心上鎸"安桂坡館"

版心鎸刻工"陸奎""章景華""李鳳"等

鈐有"京陵陸氏收藏"白文方印、"于陸氏家藏"朱文方印

備注:金鑲玉裝。卷十七污漬嚴重。

子 311.2/2877

268

**初學記三十卷**

(唐)徐堅等撰

明嘉靖安氏桂坡館刻本

十册(一函)

九行十八字,小字雙行二十四字

白口,單魚尾,左右雙邊

框高 20.7 厘米,寬 16.4 厘米;開本高 26 厘米,寬 17.5 厘米

劉本《序》[宋紹興四年(1134)]

秦金《重刊初學記序》[明嘉靖十年(1531)]

俞泰《書初學記後》

版心上鎸"安桂坡館",間鎸字數

版心鎸刻工"雇俊""征敖""何其""何忠""何球"等

卷首有題記:"玄宗謂張説曰:'兒子等欲學綴文,須檢事及看文體。《御覽》之輩,部帙既大,尋討稍難。卿與諸學士撰集要事并要文,以類相從,務取省便,令兒子等易見成就也。'説與徐堅、韋述等,編此進上,詔以'初學記'爲名。賜修撰學士束帛有差,其書行于世。唐劉肅《大唐新語》九卷著述部。"

子 311.2/2877(1)

269

**初學記三十卷**

(唐)徐堅等撰

明萬曆十五年(1587)徐守銘寧壽堂刻本

十四册(二函)

九行十八字,小字雙行二十四字

白口,單魚尾,左右雙邊

框高 20.5 厘米,寬 16.2 厘米;開本高 28.8 厘米,寬 18.3 厘米

茅坤《重刻初學記叙》

劉本《序》[宋紹興四年(1134)]

版心上鎸"寧壽堂"

備注:目録卷首鎸"唐光禄大夫行右散騎常侍集賢院學士副知院事東海郡開國公徐堅等撰/大明萬曆丁亥太學生徐守銘重校于寧壽堂梓行"。

子 311.2/2877(2)

270

**初學記三十卷**

(唐)徐堅等撰

明萬曆二十二年至二十六年(1594—1598)陳大科校刻本

六册(一函)

九行二十字,小字雙行二十四字

白口,單魚尾,左右雙邊

框高 21.2 厘米,寬 15.3 厘米;開本高 27 厘米,寬 16.7 厘米

陳大科《刻初學記叙》

鈐有"愚齋圖書館藏"朱文方印、"國立交通大學圖書館藏"朱文長方印

目録卷端題:"明萬曆丁酉長至日付梓,訖工于明年上巳日,卷凡三十,分部二十六,列目三百一十三,簡計八百九十九。陳大科識。"

子 311.2/2877(3)

271

**新編古今事文類聚前集六十卷後集五十卷續集二十八卷别集三十二卷新集三十六卷外集十五卷遺集十五卷**

(宋)祝穆等編

明萬曆三十二年(1604)金溪唐富春德壽堂刻本

四十六册(八函)

十一行二十四字

白口,單魚尾,四周單邊

框高 21.1 厘米,寬 14.8 厘米;開本高 27.4 厘米,寬 17.1 厘米

唐富春《重刻事文類聚序》[明萬曆三十二年(1604)]

版心下鎸"德壽堂梓"

備注:第一册序有殘缺,第二、九、二十九册有紅筆圈點,第十一册有蟲蛀,第十八、三十三册卷首有殘缺,第四十一册卷末有殘缺。

子 311.2/2626

272

**事類賦三十卷**

(宋)吴淑撰
明嘉靖十一年(1532)無錫華麟祥崇正書院刻本
六册(一函)
十行二十字,小字雙行同
白口,單魚尾,左右雙邊
框高 10.6 厘米,寬 9.2 厘米;開本高 16.5 厘米,寬 12 厘米
邊惇德《序》[宋紹興十六年(1146)]
華雲《序》
版心上鎸"崇正書院"
鈐有"愚齋圖書館藏"朱文方印、"國立交通大學圖書館藏"朱文長方印、"四無妄主人"白文方印、"四無妄齋讀書"白文方印、"平生樂事"白文方印、"曹典球印"白文方印
封頁有題記:"此初印事類賦雖非罕見之品,舊物也。曹生(典球)手貽。丁酉十月記。"
備注:巾箱本。

子 311.211/2637

273

**事類賦三十卷**

(宋)吴淑撰
明抄本
五册(一函)
存二十六卷(五至三十)
八行十六字,小字雙行同
白口,無魚尾,四周單邊
框高 16.3 厘米,寬 11.5 厘米;開本高 22.7 厘米,寬 14.3 厘米
邊惇德《序》[宋紹興十六年(1146)]
版心下題有"郢州孫氏南江小閣"字樣
備注:是書據宋紹興十六年兩浙東路茶鹽司刻本所抄。陳綬、沈山、李瑞民校勘。絮化、破損、污漬嚴重。

子 311.211/2637(1)

274

**群書考索前集六十六卷後集六十五卷續集五十六卷别集二十五卷**

(宋)章如愚編輯
明正德十六年(1521)劉洪刻本
六十四册(八函)
十四行二十八字,小字雙行同
黑口,雙魚尾,四周雙邊
框高 19.4 厘米,寬 12.4 厘米;開本高 24.7 厘米,寬 14.9 厘米
鄭京《山堂先生群書考索序》[明正德三年(1508)]
書末有牌記"正德十六年十一月内蒙建寧府知府張/邵武府同知鄒/同校正過山堂考索/記改差訛三千二十七字/書户劉洪改刊"
鈐有"堂名拱璧唯書是寶無意無必隨得隨校唯蔣氏子孫永以爲好"朱文方印、"枕經書屋"白文方印

備注：書内有大量抄補。



275

**書言故事大全十二卷**

(宋)胡繼宗集　(明)陳玩直解

明萬曆刻本(有圖)

六册(一函)

九行二十字,小字雙行同

白口,單魚尾,四周單邊

框高 20 厘米,寬 13 厘米;開本高 27.2 厘米,寬 17 厘米

程巨源《書言故事序》[明萬曆十七年(1589)]

吴懷保《書言故事》[明萬曆十七年(1589)]

版心鎸刻工"黄鉛""黄進""黄新"等

備注：破損嚴重。



276

**新增説文韻府群玉二十卷**

(元)陰時夫編　(元)陰中夫注

明天順六年(1462)葉氏南山堂刻本

十册(一函)

十一行字數不等,小字雙行二十九字

黑口,雙魚尾,四周雙邊

框高 19.7 厘米,寬 13.5 厘米;開本高 25 厘米,寬 15.4 厘米

滕賓《序》

姚雲《序》

趙子昂《序》

陰竹埜《序》[元大德十一年(1307)]

陰中夫《序》[元延祐元年(1314)]

陰時夫《序》

末有牌記"天順壬午孟冬南山書堂新刊"

鈐有"讀杜草堂"朱文方印



277

**新增説文韻府群玉二十卷**

(元)陰時夫編　(元)陰中夫注

明弘治七年(1494)劉氏安正書堂刻本

十册(一函)

十一行字數不等,小字雙行二十九字

黑口,雙魚尾,四周雙邊

框高 20.7 厘米,寬 13.6 厘米;開本高 23.7 厘米,寬 15.2 厘米

滕賓《序》

姚雲《序》

趙子昂《序》

陰竹埜《序》[元大德十一年(1307)]

陰中夫《序》[元延祐元年(1314)]

陰時夫《序》

末有牌記"弘治甲寅劉氏安正書堂重增校正刊行"

鈐有"愚齋圖書館藏"朱文方印、"國立交通大學圖書館藏"朱文長方印、"西成文庫"朱文肖形

印、"志古氏圖書記"朱文方印
備注:間有抄補。有佚名批校。
子 311.2/1865(1)

278
**新刻分類摘聯四六積玉二十卷**
(明)章斐然選輯 (明)陳所學校定
明刻本
二册(一函)
九行十八字
白口,單魚尾,四周單邊
框高 20.2 厘米,寬 14 厘米;開本高 27.5 厘米,寬 17 厘米
毛士龍《序》
諸允修《序》
胡承烈《序》
章斐然《自序》
版心鎸字數
子 311.2/0012

279
**潛確居類書一百二十卷**
(明)陳仁錫纂輯
明崇禎三年至五年(1630—1632)刻本
六十册(六函)
十行二十字,小字雙行同
白口,單魚尾,四周單邊
框高 21 厘米,寬 14.5 厘米;開本高 24.4 厘米,寬 16.1 厘米
陳仁錫《序》
書名頁鎸"陳明卿太史纂輯/潛確居類書/吴門承治堂發兑"
鈐有"承治堂印"朱文方印
備注:蟲蛀嚴重。有朱、墨筆圈點和批注。
子 311.2/1528

280
**四六鴛鴦譜十二卷**
(明)陰太乙 (明)蘇紫蓋輯 (明)黄國翰 (明)王世茂參閲
明天啓刻本
六册(一函)
九行十八字,小字雙行同
白口,單魚尾,有四周單邊、四周雙邊、左右雙邊
框高 20.7—22 厘米不等,寬 14.7 厘米;開本高 23.7 厘米,寬 16.6 厘米
陰太乙《序》[明崇禎七年(1634)]
鈐有"彦民"朱文方印、"王起士印"白文方印
備注:有朱筆圈點、批注。
子 311.2/1841

281
**新刻重校增補圓機活法詩學全書二十四卷**
(明)王世貞校正 (明)蔣先庚重訂
明末刻本
十六册(一函)
十二行二十五字,小字雙行同
白口,單魚尾,四周雙邊

框高 21.2 厘米，寬 14.3 厘米；開本高 26.4 厘米，寬 17 厘米

書名頁鎸“鬱岡山房較定/詩學圓機活法大成/文錦堂藏板”

子 311.22/1042

282

**五車韻瑞一百六十卷**

(明)凌稚隆輯

明刻本

五十六册(八函)

十行字數不等，小字雙行二十七字

白口，單魚尾，左右雙邊

框高 22.1 厘米，寬 15 厘米；開本高 25 厘米，寬 16.7 厘米

謝肇淛《序》

版心下間鎸字數

版心鎸刻工“陶”“仲元”“貢”“守”等

鈐有“梁文熿印”白文方印、“孔昭”朱文方印

備注：附有洪武正韵一卷。

子 311.2/3421

283

**太史華句八卷**

(明)凌迪知輯　(明)凌稚隆校

明萬曆四年至五年(1576—1577)吴興凌氏桂芝館刻本

四册(一函)

八行十七字，小字雙行同

白口，單魚尾，四周單邊

框高 17.8 厘米，寬 12.7 厘米；開本高 26.5 厘米，寬 16.4 厘米

凌迪知《序》[明萬曆五年(1577)]

鈐有“慈溪馮氏醉經閣圖籍”朱文方印

備注：卷四至五、八破損。

子 311.2/3438

284

**文選錦字録二十一卷**

(明)凌迪知輯

明凌稚隆校刻本

二十册(四函)

八行十七字，小字雙行同

白口，單魚尾，左右雙邊

框高 18.8 厘米，寬 13 厘米；開本高 25.4 厘米，寬 16.2 厘米

凌迪知《序》

版心鎸字數

版心鎸刻工“吴郡王伯才刻”“長洲顧檈寫”“文”“彭”“值”等

子 311.2/3438(1)

285

**山堂肆考二百四十卷**

(明)彭大翼撰

明萬曆刻本

四十册(四函)

存商、角、徵、羽四集一百九十二卷

十一行二十二字

白口，單魚尾，四周單邊

框高 20 厘米，寬 12.4 厘米；開本

高 25.8 厘米,寬 16.5 厘米
版心鎸字數
備注:上下兩欄,上欄鎸批注。
子 311.211/4241

286

**薛文清公讀書全録類編二十卷**

(明)薛瑄撰　(明)侯鶴齡編
明萬曆二十四年(1596)刻本
四册(一函)
十行二十字
白口,單魚尾,四周單邊
框高 20.3 厘米,寬 14.3 厘米;開本高 26.2 厘米,寬 16 厘米
張崇儒《序》[明萬曆二十四年(1596)]
趙用光《序》[明萬曆二十七年(1599)]
鈐有"閑散野人"白文方印、"棣華館藏書畫章"朱文方印
備注:此書四周單邊,唯趙用光《序》及刊書姓氏爲四周雙邊,應爲補版。
子 311.2/4413

287

**廣博物志五十卷**

(明)董斯張纂
明萬曆三十五年(1607)高暉堂刻本
二十四册(四函)
九行十八字,小字雙行同
白口,單魚尾,四周單邊
框高 20.5 厘米,寬 15.2 厘米;開本高 26.7 厘米,寬 17.4 厘米
版心下鎸"高暉堂",間鎸字數
卷端版心鎸"吴興蔣禮梓　孟魁刊"
鈐有"趙氏樂天樓珍藏"朱文方印、"趙恩館"白文橢圓印
子 311.2/4441

288

**唐類函二百卷目録二卷**

(明)俞安期纂
明萬曆三十一年(1603)刻本
一百二十册(二十函)
十行二十字,小字雙行同
白口,單魚尾,四周單邊
框高 20.7 厘米,寬 14.8 厘米;開本高 27.2 厘米,寬 17.8 厘米
申時行《刻唐類函序》[明萬曆三十一年(1603)]
沈思孝《序》[明萬曆三十一年(1603)]
李維楨《叙》
鈐有"赤生氏"白文方印
備注:老化嚴重,卷末破損。
子 311.2/8034

289

**類林新詠三十六卷**

(清)姚之駰撰
清康熙四十六年(1707)刻本
十册(一函)

存二十九卷(一至三、八至十、十四至三十六)
十行二十字,小字雙行同
白口,單魚尾,左右雙邊
框高 20 厘米,寬 14.2 厘米;開本高 23 厘米,寬 15.6 厘米
彭始摶《序》[清康熙四十七年(1708)]
毛奇齡《序》[清康熙四十七年(1708)]
書名頁鎸"進呈原本/康熙四十六年/類林新咏/錢唐姚之駰魯思氏撰注"
子 311.211/4237

290
**唐詩金粉十卷**
(清)沈炳震輯
清雍正刻本
四册(一函)
十一行字數不等,小字雙行字數不等
白口,單魚尾,左右雙邊
框高 18.9 厘米,寬 14.7 厘米;開本高 27.6 厘米,寬 17.5 厘米
沈炳震《自序》[清雍正二年(1724)]
版心鎸"冬讀書齋藏本"
書名頁鎸"歸安沈東甫輯/唐詩金粉/冬讀書齋藏板"
子 311.2/3491

291
**典制類林四卷**
(清)唐式南編
清乾隆三十年(1765)刻本
二册(一函)
九行二十五字,小字雙行同
白口,單魚尾,左右雙邊
框高 17.9 厘米,寬 12.7 厘米;開本高 25.1 厘米,寬 15.9 厘米
唐式南《序》[清乾隆三十年(1765)]
備注:序末鎸"江寧張玉林鎸"。
子 311.24/0044

292
**讀書紀數略五十四卷**
(清)宫夢仁編
清康熙刻本
十二册(一函)
十一行二十一字,小字雙行同
黑口,單魚尾,四周雙邊
框高 15.9 厘米,寬 11 厘米;開本高 20.6 厘米,寬 12.6 厘米
陳廷敬《序》[清康熙四十八年(1709)]
王鴻緒《序》[清康熙五十年(1711)]
書名頁鎸"欽奉諭旨刊刻/讀書紀數略"
子 311.24/3042

293
**廣事類賦四十卷**
(清)華希閔撰

清乾隆二十九年(1764)刻本
十册(一函)
十二行二十字,小字雙行同
白口,單魚尾,左右雙邊
框高 19.2 厘米,寬 15.9 厘米;開本高 24.5 厘米,寬 18.9 厘米
華希閔《序》[清康熙三十八年(1699)]
書名頁鎸"乾隆甲申新鎸/重訂廣事類賦/劍光閣藏板"
備注:書名頁有"三多齋發兑"朱文圖記。
子 311.2/4447

## 佛教類

294
**法苑珠林一百二十卷**
(唐)釋道世撰
日本據明萬曆十九年(1591)原本翻刻本
二十四册(二函)
十行二十字,小字雙行同
白口,無魚尾,四周雙邊
框高 24.1 厘米,寬 16.5 厘米;開本高 27.3 厘米,寬 18.1 厘米
李儼《序》
版心上鎸"支那撰述",版心下有墨釘
鈐有"愚齋圖書館藏"朱文方印、"國立交通大學圖書館藏"朱文長方印
子 313./2684

295
**一切經音義一百卷**
(唐)釋慧琳撰
日本元文三年(1738)刻本
五十册(無函套)
十行二十字,小字雙行同
白口,無魚尾,四周雙邊
框高 22 厘米,寬 15 厘米;開本高 28.2 厘米,寬 19.6 厘米
釋真察《新雕大藏音義序》[日本元文二年(1737)]
顧齊之《新收一切藏經音義序》[唐開成五年(840)]
景審《序》[唐元和十二年(817)]
槃譚《新雕慧琳藏經音義紀事》[日本元文二年(1737)]
版心上鎸"支那撰述",版心下有墨釘
書名頁鎸"唐西明寺翻經沙門慧琳撰/一切經音義/榑桑雒東獅谷白蓮社藏板"
封頁題:"戊戌十月購于京師廠肆文英閣。高密張康侯識。"
子 313./2651

296
**五燈會元二十卷**

(宋)釋普濟撰
明萬曆建昌府新城縣洵溪峨峰庵刻本
二十册(二函)
十行二十字
白口,單魚尾,四周單邊
框高 19.5 厘米,寬 13.1 厘米;開本高 26.8 厘米,寬 16.4 厘米
湯顯祖《重刻五燈會元序》[明萬曆四十二年(1614)]
釋廷俊《重刊五燈會元序》[元至正二十四年(1364)]
鈐有"南昌彭氏"朱文方印、"知聖道齋藏書"朱文方印、"遇者善讀"朱文方印、"愚齋圖書館藏"朱文方印、"國立交通大學圖書館藏"朱文長方印
備注:序後鐫"江右建昌府新城縣洵溪峨峰庵重刊"。
子 313. /2683

297
**指月録三十二卷**
(明)瞿汝稷輯
明萬曆靈隱寺弘禮刻本
十册(一函)
十一行二十一字,小字雙行同
白口,無魚尾,四周單邊
框高 22.4 厘米,寬 15.5 厘米;開本高 27.3 厘米,寬 17.9 厘米
雲門道人弘禮《重刻水月齋指月録叙》
嚴澂《水月齋指月録原序》[明萬曆二十九年(1601)]
子 313. /4027

# 集　部

## 楚辭類

298

**楚辭十七卷**

(漢)王逸章句

清初汲古閣刻寶翰樓印本

六册(一函)

九行十六字,小字雙行二十字

白口,雙魚尾,左右雙邊

框高 18.5 厘米,寬 13.4 厘米;開本高 26 厘米,寬 16.5 厘米

版心鎸"汲古閣"

書名頁鎸"汲古閣校/楚辭箋注/吴郡寶翰樓"

鈐有"黄氏鑒賞圖書"朱文長方印、"留餘堂"白文方印、"曉峰"朱文方印、"沈氏山樓藏書記"朱文長方印、"畢景秋印"白文方印

備注:每卷末鎸"汲古後人毛表字奏叔依古本是正"。

集 41/1030

299

**楚辭集註八卷辯證二卷後語六卷**

(宋)朱熹集注

明成化刻本

四册(一函)

九行十八字,小字雙行同

白口,單魚尾,四周單邊

框高 20.1 厘米,寬 13.9 厘米;開本高 25 厘米,寬 15.4 厘米

何喬新《序》[明成化十一年(1475)]

鈐有"物常聚于所好"朱文方印、"淮陰胡氏遂性草堂"朱文長方印、"顔氏之子"白文方印

集 41/2540

300

**楚騷綺語六卷**

(明)張之象輯　(明)凌迪知訂

明刻本

四册(一函)

八行十七字,小字雙行同

白口,單魚尾,左右雙邊

框高 18.8 厘米,寬 13 厘米;開本高 31.2 厘米,寬 18.1 厘米

凌迪知《序》[明萬曆四年(1576)]

版心鎸字數

版心鎸刻工"仇鵬""顧時中""顧中""顧植""彭天恩""夏邦彦"

“王伯才”等
鈐有“李國松”朱文長方印、“篤素堂張曉漁校藏圖籍之章”朱文長方印
備注：書根題“楚騷綺語”。
集 41/1132

301
**楚辭疏八卷附録一卷**
(明)陸時雍疏
明末緝柳齋刻本
五册(一函)
九行二十字，小字雙行同
白口，單魚尾，四周單邊
框高 20.5 厘米，寬 14.5 厘米；開本高 26.2 厘米，寬 16.6 厘米
卷一版心下鎸“緝柳齋藏板”
鈐有“胡銕梅家藏書”朱文方印
集 41/7460

## 别集類

302
**織錦回文詩不分卷**
(前秦)蘇惠撰　(明)釋子起宗道人分讀　(明)康萬民增讀
明刻本
一册(一函)
十行二十字
白口，單魚尾，四周雙邊
框高 20.2 厘米，寬 14.8 厘米；開本高 26.6 厘米，寬 16.6 厘米
大周天册金輪皇帝武則天《御製織錦圖起宗道人讀法跋》［大周如意元年(692)］
仇東之《跋》［明弘治九年(1496)］
□□《蘇若蘭織錦回文璇璣圖詩暨讀法合刻識言》
沈華《璇璣圖後跋》
備注：水漬嚴重。
集 42/4450

303
**陶靖節集十卷**
(晋)陶潛撰　(宋)湯漢等注
明萬曆四年(1576)刻本
六册(一函)
八行十八字，小字雙行同
白口，單魚尾，四周單邊
框高 24.3 厘米，寬 15.3 厘米；開本高 28 厘米，寬 18.1 厘米
蕭統《陶淵明集序》
勞堪《重刻陶靖節集序》［明萬曆四年(1576)］
版心鎸刻工“龔宏”“龔汝”“肖大相”“陳林八”“萬六七”等
鈐有“趙氏家藏金石文字記”白文方印、“御樓村趙氏頌平收藏印”朱文方印、“卷雲樓”朱文方印、“冷眉閑看世態”朱文方印
備注：水漬嚴重。
集 423/7736

304

**陶詩集註四卷**

(晋)陶潛撰　(清)詹夔錫集注

**東坡和陶詩一卷**

(宋)蘇軾撰

清康熙寶墨堂刻本

四册(一函)

八行十九字,小字雙行同

白口,單魚尾,左右雙邊

框高 18.7 厘米,寬 13.6 厘米;開本高 25 厘米,寬 16.3 厘米

蕭統《陶淵明集序》

版心下鐫"寶墨堂"

鈐有"陶緒猷印"白文方印、"含章"朱文方印、"藝蓀堂"白文方印、"小匏庵"朱文方印

集 423/7736(2)

305

**鮑參軍集二卷**

(南朝宋)鮑照撰

明刻本

二册(一函)

九行十八字

白口,單魚尾,左右雙邊

框高 21 厘米,寬 13.5 厘米;開本高 27.4 厘米,寬 17 厘米

張溥《題詞》

鈐有"東野軒圖書"朱文方印

備注:有許適齋朱、墨筆批校。此爲《漢魏六朝百三家集》零本。

集 424/2767

306

**江文通文集十卷**

(南朝梁)江淹撰　(明)汪士賢校

明刻本

二册(一函)

九行二十字

白口,單魚尾,左右雙邊

框高 19.1 厘米,寬 13.8 厘米;開本高 26.3 厘米,寬 17.5 厘米

備注:書末鐫"錢塘郭志學寫"。

集 424/3134

307

**庾開府集十六卷附録一卷**

(北周)庾信撰　(明)張燮纂

明天啓元年(1621)刻本

二册(一函)

九行十八字

白口,單魚尾,左右雙邊

框高 20.5 厘米,寬 13.6 厘米;開本高 26.4 厘米,寬 15.6 厘米

張燮《重纂庾開府集序》[明天啓元年(1621)]

宇文逌《序》

封頁有墨筆題記:"庾開府集十六卷,明天啓張刻本,宣統二年七月購藏湖樓。蟄庵題記。"

集 424/0020

308

**唐丞相曲江張先生文集十二卷附録一卷**

(唐)張九齡撰

清初活字印本
十册(一函)
八行十八字
白口,無魚尾,四周單邊
框高 20.6 厘米,寬 13 厘米;開本高 26.1 厘米,寬 15.9 厘米
□□《曲江張文獻公集序》
□□《重刻曲江集叙》
王民順《重刻曲江先生文集叙》[明萬曆十二年(1584)]
丘濬《曲江集序》[明成化九年(1473)]
版心下鎸字數
鈐有"遯庵藏書"白文方印
首有宋振仁題跋一則:"此書乃吾淮徐嘉(號賓華,又號遯庵)藏書,每册均有遯庵藏書硃記。……經審定係萬曆四十一年韶州曾弘漩庵重刻本……尤其是明活字版本,極爲少見。"
備注:目録下端題"中州曾弘東莱周日燦仝訂梓"。

集 4261/1142

309
**類箋唐王右丞詩集十卷年譜一卷文集四卷外編一卷唐諸家同詠集一卷贈題集一卷歷朝諸家評王右丞詩畫鈔一卷**
(唐)王維撰　(宋)劉辰翁評　(明)顧起經輯
明嘉靖三十五年(1556)顧起經奇字齋刻本
十册(一函)
九行十八字,小字雙行同
黑口,單魚尾,左右雙邊
框高 20.6 厘米,寬 15.5 厘米;開本高 32.8 厘米,寬 19.7 厘米
顧起經《題王右丞詩箋小引》[明嘉靖三十四年(1555)]
顧起經《跋》[明嘉靖三十五年(1556)]
文集卷二末有牌記"太歲在丙辰夏孟月尾錫山顧起經與檇李陳築四覆校于青□閣中越月乃授之梓"
版心鎸"奇字齋"
版心鎸刻工、寫手"吴應龍書""沈恒書""陸廷相寫""刻工何鑰刻""何兹刻""何應元""何應亨"等
鈐有"香叟草堂"朱文方印、"陸潤之印"朱文方印、"大淳"朱文方印、"陸時化印"白文方印、"潤之"朱文方印、"西圃藏書"朱文方印、"太倉陸潤之印"朱文方印、"潤之所藏"朱文方印

集 4262/1020

310
**分類補註李太白詩二十五卷分類編次李太白文五卷**
(唐)李白撰　(宋)楊齊賢集注　(元)蕭士贇補注
明嘉靖吴會郭雲鵬刻本(卷十九配抄

補一頁）
十二册（二函）
八行十七字，小字雙行同
白口，單魚尾，左右雙邊
框高 20.2 厘米，寬 13.9 厘米；開本高 28.1 厘米，寬 18.3 厘米
李陽冰《唐翰林李太白詩序》［唐寶應元年（762）］
樂史《别集序》［宋咸平元年（998）］
李華《故翰林學士李公墓志并序》
劉全白《唐翰林李君碣石記》［唐貞元六年（790）］
宋敏求《後序》
曾鞏《後序》
序言頁鈐有“李氏序樂堂藏書圖記”朱文方印、“序樂堂”朱文橢圓印，目録頁鈐有“李承祖印”白文方印、“繩武”朱文方印
備注：黴蝕嚴重。

集 4262/4026

311
**分類補註李太白詩二十五卷**
（唐）李白撰　（宋）楊齊賢集注　（元）蕭士贇補注
**年譜一卷**
（宋）薛仲邕撰
明萬曆三十年（1602）刻本
十六册（二函）
九行二十字，小字雙行同
白口，單魚尾，左右雙邊
框高 22.4 厘米，寬 14.5 厘米；開本高 27.6 厘米，寬 17 厘米
許自昌《刻李杜全集小引》［明萬曆三十年（1602）］
李陽冰《唐翰林李太白詩序》［唐寶應元年（762）］
樂史《後序》［宋咸平元年（998）］
劉全白《唐翰林李君碣石記》［唐貞元六年（790）］
宋敏求《後序》
曾鞏《後序》
毛漸《後序》［宋元豐三年（1080）］
版心鎸字數
書名頁鎸“許玄祐先生評訂/李太白全集/内集千家注　古吴汪復初梓”
目録頁鈐有“吴平齋讀書記”白文方印、“趙恩館”白文橢圓印、“趙氏樂天樓珍藏”朱文橢圓印
備注：有朱、墨筆圈點和眉批。

集 4262/4026.2

312
**分類補註李太白詩二十五卷**
（唐）李白撰　（宋）楊齊賢集注
**年譜一卷**
（宋）薛仲邕撰　（元）蕭士贇補注　（明）許自昌校
明刻本
八册（一函）
九行二十字，小字雙行同
白口，單魚尾，左右雙邊
框高 21.4 厘米，寬 14.5 厘米；開

本高 24.5 厘米，寬 16.2 厘米
許自昌《刻李杜全集小引》［明萬曆三十年（1602）］
李陽冰《唐翰林李太白詩序》［唐寶應元年（762）］
樂史《後序》［宋咸平元年（998）］
劉全白《唐翰林李君碣石記》［唐貞元六年（790）］
宋敏求《後序》
曾鞏《後序》
毛漸《後序》［宋元豐三年（1080）］
鈐有“趙恩館”白文橢圓印、“趙氏樂天樓珍藏”朱文方印、“吴平齋讀書記”白文方印
備注：有朱、墨筆圈點批注。第七册有水漬。

集 4262/4026.4

313

**分類補註李太白詩二十五卷**

(唐)李白撰　(宋)楊齊賢集注

**年譜一卷**

(宋)薛仲邕撰　(元)蕭士贇補注　(明)許自昌校
清刻本
十册（一函）
九行二十字，小字雙行同
白口，單魚尾，有左右雙邊、四周單邊
框高 22.2 厘米，寬 14.9 厘米；開本高 24.9 厘米，寬 16 厘米
王稺登《合刻李杜詩集序》
李陽冰《唐翰林李太白詩序》［唐寶應元年（762）］
樂史《後序》［宋咸平元年（998）］
劉全白《唐翰林李君碣石記》［唐貞元六年（790）］
宋敏求《後序》
曾鞏《後序》
書名頁鎸“許玄祐先生評注/李太白全集/雲林五雲堂藏板”
備注：破損嚴重，脆化，老化。

集 4262/4026.3

314

**魯公文集十五卷**

(唐)顔真卿撰
明萬曆二十四年（1596）顔胤祚刻本
四册（一函）
十行二十一字
白口，單魚尾，左右雙邊
框高 21.1 厘米，寬 14.3 厘米；開本高 25.1 厘米，寬 15.7 厘米
劉敞《顔魯公文集序》
楊一清《序》［明嘉靖二年（1523）］
□□《顔魯公文集序》
戴燝《序》［明萬曆二十四年（1596）］
張居仁《後序》
都穆《顔魯公文集後序》［明嘉靖二年（1523）］
□□《顔魯公文集後序》
序末鎸刻工“黄昴”
鈐有“耿賢舉印”白文方印

集 4262/0147

315

**杜工部集二十卷附録一卷年譜一卷詩話一卷酬唱題詠附録一卷略例一卷**

(唐)杜甫撰　(清)錢謙益箋注

清康熙六年(1667)季振宜刻本

十册(二函)

十一行二十字,小字雙行二十九字

黑口,雙魚尾,四周雙邊

框高18.2厘米,寬13.7厘米;開本高26.1厘米,寬16.5厘米

季振宜《序》[清康熙六年(1667)]

鈐有"萬惲定印"朱文方印

有王士禄、王士祜、王士禛等人朱、墨筆批語和圈點

備注:金鑲玉裝。每卷末鎸校刊銜名。每卷之下著者銜名被塗黑。

集4262/4453(3)

316

**集千家註杜工部詩集二十卷附録不分卷文集二卷**

(唐)杜甫撰　(宋)黄鶴補注

明嘉靖十五年(1536)玉几山人刻本

十六册(三函)

八行十七字,小字雙行同

白口,雙魚尾,四周雙邊

框高21.5厘米,寬14.1厘米;開本高28.1厘米,寬17.6厘米

王洙《杜工部詩史舊集序》[宋寶元二年(1039)]

王安石《杜工部詩後集序》[宋皇祐四年(1052)]

胡宗愈《成都草堂詩碑序》[宋元祐五年(1090)]

蔡夢弼《杜工部草堂詩箋跋》[宋嘉泰四年(1204)]

版心鎸刻工"啓明""宗澄""仁""袁""信""李耀""林甫"等

每卷首鈐有"錢氏德徵"朱文方印、"保正"朱文方印,每卷末鈐有"文房之印"朱文方印

集4262/4453(2)

317

**辟疆園杜詩註解五言律十二卷七言律五卷**

(唐)杜甫撰　(清)顧宸注

清康熙二年(1663)辟疆園刻本

十八册(三函)

九行二十一字

白口,單魚尾,左右雙邊

框高20厘米,寬13.9厘米;開本高25厘米,寬16.2厘米

李壯《序》[清康熙二年(1663)]

版心下鎸"辟疆園"

卷端鈐有"金巖之印"白文方印、"野亭"朱文方印

備注:金鑲玉裝。有朱筆圈點。五言律卷之一爲抄補。書内有水漬。

集4262/4453

318

**讀書堂杜工部詩集註解二十卷文集註**

**解二卷編年詩史譜目一卷**

(唐)杜甫撰　(清)張溍評注

清康熙三十七年(1698)張氏讀書堂刻本

十二册(二函)

九行二十二字,小字雙行同

黑口,單魚尾,左右雙邊

框高 18.4 厘米,寬 14 厘米;開本高 28.1 厘米,寬 17.3 厘米

閻若璩《杜詩注解序》

宋犖《杜詩注解序》[清康熙三十七年(1698)]

張榕端《先大夫批注杜集卷末遺筆》[清康熙三十六年(1697)]

王洙《杜工部詩史舊集序》[宋寶元二年(1039)]

王安石《杜工部詩後集序》[宋皇祐四年(1052)]

胡宗愈《成都草堂詩碑序》[宋元祐五年(1090)]

蔡夢弼《杜工部草堂詩箋跋》[宋嘉泰四年(1204)]

版心下鐫"讀書堂"

鈐有"琨聲"朱文方印

備注:詩集卷一缺首頁。蟲蛀嚴重,污損嚴重。



319

**杜律通解四卷**

(唐)杜甫撰　(清)李文煒箋釋

清初刻本

六册(一函)

十行二十字

黑口,雙魚尾,左右雙邊

框高 17.2 厘米,寬 13.1 厘米;開本高 24.8 厘米,寬 15.9 厘米

李基和《序》

書名頁鐫"慈水李雪巖先生箋注/杜律通解/各體嗣出"

鈐有"映紅樓珍藏"朱文方印

備注:有朱筆圈點。第三册水漬較多。書牌頁有人物像圓形朱印。



320

**杜詩論文五十六卷**

(唐)杜甫撰　(清)吴見思注　(清)潘眉評

清康熙十一年(1672)刻本

十二册(二函)

九行二十二字,小字單行同

白口,單魚尾,左右雙邊

框高 19 厘米,寬 14.3 厘米;開本高 24.9 厘米,寬 16.6 厘米

吴興祚《序》[清康熙十一年(1672)]

潘眉《序》

陳玉璂《序》

董元愷《序》

吴見思《序》

書名頁鐫"杜詩論文/吴郡寶翰樓"

書名頁鈐有"沈氏山樓藏書記"朱文長方印

備注：卷末鎸“康熙壬子年三月常州岱淵堂梓”。

集 4262/4453(4)

321

**讀杜心解六卷首二卷**

(唐)杜甫撰 (清)浦起龍解

清雍正間浦氏寧我齋刻本

八册(一函)

十行二十二字,小字雙行三十一字

白口,單魚尾,左右雙邊

框高 19 厘米,寬 13.7 厘米;開本高 24.6 厘米,寬 15.6 厘米

版心下鎸“寧我齋”

書名頁鎸“錫山浦起龍是正/讀杜心解 少陵全書/静寄東軒藏板”

鈐有“仲璠”朱文方印、“衛瑜章印”朱文方印

卷一有衛仲璠題識:“己巳九月據貴池劉龍慧(慎貽)手摹,魯通父先生評議圈點于此册,越由四有八日而畢。劉氏摹本稱從吴温叟尊人稼軒假得,稼軒所據則通父先生手批也。民國己巳十月二十二日合肥衛瑜章記于滬上。”

備注：有朱、墨筆批注圈點。書衣破損嚴重。

集 4262/4453(5)

322

**讀杜心解六卷首二卷**

(唐)杜甫撰 (清)浦起龍解

清雍正間浦氏寧我齋刻本

八册(一函)

十行二十二字,小字雙行三十三字

白口,單魚尾,左右雙邊

框高 19 厘米,寬 13.4 厘米;開本高 25.5 厘米,寬 16.2 厘米

版心下鎸“寧我齋”

書名頁鎸“錫山浦起龍是正/讀杜心解 少陵全書/静寄東軒藏板”

鈐有“詩縣令孫”朱文方印、“丹甫徐十四”白文方印

封頁題“銕孫公親筆評識、耜敬藏”“以八音爲次,吾祖銕孫公朱筆評識,詩縣令孫徐耜敬志,歙南徐氏世寶”。卷二七古封頁(第四册)有題識:“余近來行路,苦不能速,方以爲衰。今日見吾祖批(卷二之二零八頁,《百憂集行》)引太史公語(《史記》)乃知人生二十當趨,三十當疾步,四十則當安坐,五十當安卧矣。嗟乎,余八十二矣,冀趨步,而不能坐,與卧,又不可。且萬不能,奈何奈何!計唯安步當車,隨事隨了,安身以此(安步),安心以此(了事),斯可(已矣)。辛巳三月二十四日穀雨節也。丹甫遺悶題。”與“今日又讀杜牧詩,云:‘四十已云老,况逢憂窘餘,且抽持板手,却展小

年書。'牧之年當四十，亦有嗟老之句，則余年八十外者，又當如何嗟嘆耶！觀牧之此詩中又有二句（與四十句在一篇）云：'遇事知裁剪，操心識卷舒。'此十字却的是做人之要道，與余所主張之有分寸三字若合符節。丹甫又題。"

備注：有朱、墨筆圈點批注。有蟲蛀，輕微破損。

集 4262/4456(4).2

323

**杜詩鏡銓二十卷附録諸家論杜一卷**

（唐）杜甫撰　（清）楊倫輯注

清乾隆五十七年（1792）九柏山房刻本

八册（一函）

九行二十字，小字雙行三十字

白口，單魚尾，四周單邊

框高 19.2 厘米，寬 13.7 厘米；開本高 25.2 厘米，寬 16 厘米

畢沅《序》[清乾隆五十七年（1792）]

朱珪《序》[清乾隆五十六年（1791）]

周樽《序》[清乾隆五十六年（1791）]

楊倫《序》

書名頁鎸"畢秋帆王蘭泉兩先生鑒定/杜詩鏡銓/九柏山房藏板"

備注：有朱筆圈點。内有"杜子美戴笠像"插圖。眉欄鎸評注。

集 4262/4453(6)

324

**韋蘇州集十卷附拾遺**

（唐）韋應物撰

日本文政三年（1820）刻本

四册（無函套）

十行十八字

白口，單魚尾，左右雙邊

框高 17.2 厘米，寬 12.6 厘米；開本高 26.2 厘米，寬 18.5 厘米

王欽臣《序》[宋嘉祐元年（1056）]

鈐有"江南第一枝主"白文方印

備注：書末鎸"文政三年刊"。黴蝕嚴重。

集 4264/4002

325

**陸宣公集二十二卷**

（唐）陸贄撰　（清）年羹堯重訂

清雍正元年（1723）年羹堯家刻本

十二册（一函）

十行二十字

白口，單魚尾，四周單邊

框高 18.7 厘米，寬 13.7 厘米；開本高 27.3 厘米，寬 17.5 厘米

清世宗胤禛《序》

年羹堯《序》[清雍正元年（1723）]

年羹堯《序》[清康熙六十一年（1722）]

權德輿《唐陸宣公翰苑集序》

史 211.102/7455

326

**昌黎先生集四十卷遺文一卷外集十卷**

(唐)韓愈撰　(宋)廖瑩中校正

明萬曆東吴徐時泰東雅堂刻本(外集卷十末配抄補三頁)

十六册(二函)

九行十七字,小字雙行同

黑口,雙魚尾,四周雙邊

框高 20.2 厘米,寬 13.5 厘米;開本高 28.7 厘米,寬 17.5 厘米

□□《序》

□□《昌黎集叙説》

每卷末有牌記"東吴徐氏刻梓家塾"

版心上鎸字數,版心下鎸"東雅堂"

版心鎸刻工"李潮""李綬""信""仁""津""淮""青""陸宣"等

鈐有"鄞林氏藜照廬圖書"朱文方印

集 4263/4480

327

**韓昌黎詩集編年箋註十二卷首一卷**

(唐)韓愈撰　(清)方世舉考訂

清乾隆二十三年(1758)盧氏雅雨堂刻本

六册(一函)

十行二十三字,小字雙行同

白口,單魚尾,四周單邊

框高 17.2 厘米,寬 14.2 厘米;開本高 23.7 厘米,寬 15.9 厘米

盧見曾《序》[清乾隆二十三年(1758)]

版心下鎸"雅雨堂"

備注:有水漬。

集 4263/4480.14

328

**朱文公校昌黎先生文集四十卷外集十卷附集傳遺文**

(唐)韓愈撰　(宋)朱熹考异　(明)朱吾弼重編

明萬曆刻本

十册(一函)

九行十八字,小字雙行同

白口,單魚尾,四周雙邊

框高 22 厘米,寬 15 厘米;開本高 26.3 厘米,寬 17.5 厘米

朱吾弼《韓文考异序》[明萬曆三十三年(1605)]

朱熹《韓文考异序》[宋慶元三年(1197)]

□□《朱文公校昌黎先生集序》

集 4263/4480(1)

329

**韓文公文鈔十六卷**

(唐)韓愈撰　(明)茅坤評

明刻朱墨套印本

十六册(二函)

九行二十字

白口,無魚尾,四周單邊

框高 21.1 厘米,寬 14.6 厘米;開

本高 26.3 厘米,寬 17.2 厘米
茅坤《引》
備注:卷三有缺頁,書籍有破損。
集 4263/4480.2

330
**韓子文鈔八卷**
(唐)韓愈撰　(清)林明倫選
清乾隆刻本
六册(一函)
九行二十二字
白口,單魚尾,左右雙邊
框高 18.2 厘米,寬 12.8 厘米;開本高 23.3 厘米,寬 15.6 厘米
林明倫《序》[清乾隆二十一年(1756)]
備注:有朱筆圈點。有蟲蛀。
集 4263/4480.12

331
**韓文起十二卷年譜一卷**
(唐)韓愈撰　(清)林雲銘注
清康熙三十二年(1693)林雲銘刻本(卷七至九、十二配抄補)
四册(一函)
九行二十三字,小字雙行同
白口,單魚尾,左右雙邊
框高 19.4 厘米,寬 13.6 厘米;開本高 26.7 厘米,寬 17.2 厘米
林雲銘《序》[清康熙三十二年(1693)]
集 4263/4480.21

332
**白香山詩集四十卷附年譜本傳**
(唐)白居易撰　(清)汪立名編訂
清康熙一隅草堂刻本
十二册(一函)
十二行二十一字,小字雙行三十二字
白口,單魚尾,左右雙邊
框高 18.4 厘米,寬 15 厘米;開本高 24.9 厘米,寬 16.5 厘米
朱彝尊《序》[清康熙四十二年(1703)]
宋犖《序》[清康熙四十二年(1703)]
元稹《白氏長慶集序》[唐長慶四年(824)]
白居易《白氏後集自序》[唐開成五年(840)]
白居易《白氏文集自記》[唐會昌五年(845)]
汪立名《序》[清康熙四十一年(1702)]
版心上鎸字數,版心下鎸"一隅草堂"
卷首鈐有"愚齋圖書館藏"朱文方印、"國立交通大學圖書館藏"朱文長方印、"丙辰年查過"朱文圓記
集 4263/2676

333
**白香山詩集四十卷附年譜本傳**

(唐)白居易撰　(清)汪立名編訂
清康熙一隅草堂刻本
七册(一函)
存二十二卷(長慶集十八至十九、別集一卷、後集十七卷、補遺二卷)
十二行二十一字
白口,單魚尾,左右雙邊
框高 18.4 厘米,寬 14.9 厘米;開本高 24 厘米,寬 15.9 厘米
元稹《白氏長慶集序》[唐長慶四年(824)]
白居易《白氏文集自記》[唐會昌五年(845)]
版心下鎸"一隅草堂"
卷首鈐有"愚齋圖書館藏"朱文方印、"國立交通大學圖書館藏"朱文長方印、"丙辰年查過"朱文圖記
備注:蟲蛀、破損嚴重。
集 4263/2676(1)

334
**白香山詩集四十卷附年譜本傳**
(唐)白居易撰　(清)汪立名編訂
清康熙一隅草堂刻本
十册(一函)
十二行二十一字,小字雙行三十二字
白口,單魚尾,左右雙邊
框高 18.5 厘米,寬 15.6 厘米;開本高 24.4 厘米,寬 17.1 厘米
元稹《白氏長慶集序》[唐長慶四年(824)]
朱彝尊《序》[清康熙四十二年(1703)]
宋犖《序》[清康熙四十二年(1703)]
版心下鎸"一隅草堂"
書名頁鎸"古歙汪西亭編訂/白香山詩集　長慶集　後集　別集　白集補遺/一隅草堂藏板"
備注:有朱、墨筆圈點。有破損。
集 4263/2676(3)

335
**白香山詩集四十卷附年譜本傳**
(唐)白居易撰　(清)汪立名編訂
清康熙一隅草堂刻本
四册(一函)
存二十卷(後集十七卷、年譜一卷、年譜舊本一卷、本傳一卷)
十二行二十一字,小字雙行三十一字
白口,單魚尾,左右雙邊
框高 18.8 厘米,寬 15 厘米;開本高 25.1 厘米,寬 17.6 厘米
白居易《白氏後集自序》[唐開成五年(840)]
版心下鎸"一隅草堂"
鈐有"松鶴藏書圖記"朱文方印
備注:有朱筆圈點。破損嚴重。
集 4263/2676(2)

336
**河東先生集四十五卷附録二卷外集二卷龍城録二卷**
(唐)柳宗元撰　(唐)劉禹錫編
明嘉靖東吴郭雲鵬濟美堂刻本(卷二至三配抄補三頁,卷四十三配抄補一頁)
十六册(四函)
九行十七字,小字雙行同
黑口,雙魚尾,四周雙邊
框高 19.8—20.8 厘米,寬 13.3 厘米;開本高 28.8 厘米,寬 17.6 厘米
韓醇《序》[宋淳熙四年(1177)]
劉禹錫《序》(殘缺)
各卷末有牌記"東吴郭雲鵬校壽梓"
版心下鎸"濟美堂"
版心鎸刻工"章甫言""宗""仲潘""啓"等
鈐有"鄞林氏藜照廬圖書"朱文方印
備注:目録、卷一至二殘。有蟲蛀。
集 4263/4731(2)

337
**唐大家柳柳州文選四卷**
(唐)柳宗元撰　(明)歸有光選輯
明刻本
四册(一函)
九行二十字
白口,單魚尾,四周單邊
框高 19.8 厘米,寬 14.2 厘米;開本高 27.8 厘米,寬 16.4 厘米
徐開雍《序》
備注:有修補。
集 4263/4731

338
**元氏長慶集六十卷補遺六卷**
(唐)元稹撰　(明)馬元調輯校
**白氏長慶集七十一卷**
(唐)白居易撰　(明)馬元調輯校
明萬曆三十四年(1606)松江馬元調刻本
二十册(四函)
十行二十一字
白口,單魚尾,左右雙邊
框高 21 厘米,寬 14.8 厘米;開本高 26 厘米,寬 16.7 厘米
婁堅《重刻元氏長慶集序》[明萬曆三十二年(1604)]
劉麟《元氏長慶集序》[宋宣和六年(1124)]
□□《元氏長慶集跋》[宋乾道四年(1168)]
婁堅《重刻白氏長慶集序》[明萬曆三十四年(1606)]
元稹《白氏長慶集序》[唐長慶四年(824)]
版心偶鎸字數
鈐有"退谷藏書"白文方印、"湯新俞印"白文方印、"許公"朱文方印

備注:有朱筆圈點。破損嚴重。

集 4263/1024

339

**溫飛卿詩集七卷別集一卷集外詩一卷附諸家詩評一卷**

(唐)温庭筠撰　(明)曾益注　(清)顧予咸補注

清康熙三十六年(1697)顧氏秀野草堂刻本

四册(一函)

十一行二十字,小字雙行三十一字

白口,單魚尾,左右雙邊

框高 19.1 厘米,寬 15.1 厘米;開本高 26.5 厘米,寬 17.4 厘米

顧嗣立《跋》[清康熙三十六年(1697)]

版心上鎸字數,版心下鎸"秀野草堂"

卷首鈐有"我錡之印"朱文方印,舊唐書本傳鈐有"我錡私印"朱文方印、"正閑詞館珍藏"朱文方印、"景園徽客過目"朱文方印

備注:卷九末有朱筆題"乙巳初夏浣松軒"字樣,有清顧我錡朱筆眉批并圈點。

集 4264/3608

340

**溫飛卿詩集七卷別集一卷集外詩一卷附諸家詩評一卷**

(唐)温庭筠撰　(明)曾益注　(清)顧予咸補注

清康熙三十六年(1697)顧氏秀野草堂刻本

四册(一函)

十一行二十字,小字雙行三十一字

白口,單魚尾,左右雙邊

框高 19.3 厘米,寬 15 厘米;開本高 26.7 厘米,寬 17.5 厘米

顧嗣立《跋》[清康熙三十六年(1697)]

版心上鎸字數,版心下鎸"秀野草堂"

書名頁鎸"温飛卿詩集箋注/秀野草堂藏板"

集 4264/3608(2)

341

**唐皮日休文藪十卷**

(唐)皮日休撰

明正德刻本

四册(一函)

十一行二十字

白口,單魚尾,左右雙邊

框高 18.4 厘米,寬 11.3 厘米;開本高 24.2 厘米,寬 14.8 厘米

柳開《序》

皮日休《自序》

集 4264/4062

342

**杜荀鶴文集三卷**

(唐)杜荀鶴撰
明刻本
一册(一函)
十行十八字
白口,單魚尾,左右雙邊
框高 17.2 厘米,寬 13.4 厘米;開本高 25.1 厘米,寬 16.1 厘米
封頁題"唐風集",又題:"是刻係元本,紙名荷葉,板是仿宋,此初印本,殊不易得,當然名貴也。"護頁題:"是集得于常熟書賈陳鴻印宲,爲吾鄉先輩施先生潤齋翁故物,《四庫全書》稱爲《唐風集》,是刻初爲與他詩人合刻本,如王孟韋柳四家三家之一,或爲叢刊中之一,若單行本,應有序文,或已失去,均未可知。或有稱爲宋刻本者,有稱爲元板仿宋者,姑勿論,而刻畫之精美,的是初印,而紙則荷葉,亦爲佳品,其爲舊本,不易得者可斷然矣。其稱文集者,曾見李太白詩,亦有是稱,其稱名者,曾見東壁圖書府本,若盧照鄰、駱賓王、宋之問、杜審言、沈佺期,亦皆竟以名稱集也。"
備注:有朱筆圈點夾注。蟲蛀嚴重。
集 4264/4444

343
**東觀集十卷**
(宋)魏野撰
清乾隆三十年(1765)胡重漫校抄本
四册(一函)
九行二十字
白口,單魚尾,左右雙邊
框高 18.8 厘米,寬 14.1 厘米;開本高 28.9 厘米,寬 18 厘米
胡重漫《序》[清乾隆三十年(1765)]
薛田《序》[宋天聖元年(1023)]
集 4281/2267

344
**梅宛陵先生詩集不分卷附補遺不分卷梅堯臣年譜不分卷梅詢傳不分卷詩記不分卷**
(宋)梅堯臣撰　(元)張師曾編次
明萬曆抄本
三册(無函套)
行數字數不等
無框格;開本高 28 厘米,寬 21.1 厘米
第一册封頁題"梅堯臣年譜、梅詢年譜、梅氏世牒、誥敕、梅詢奏議及其他、梅堯臣選文一篇及其有關資料"
第二册封頁題"梅詢傳、詩記、梅堯臣逸詩二首及贈貽詩、哀悼詩、詩文序"
第三册封頁題"宛陵先生詩集卷一前有關資料、宛陵先生詩集附録補遺卷二、宛陵先生附録補遺卷

三”

第三册卷末題:“藉此儘區區,庶幾釋憂戚。願言後來者,念玆毋或斁。戊辰年初夏三日。裔孫梅枝鳳題。”

集 4281/4847

345

**蘇學士文集十六卷**

(宋)蘇舜欽撰　(清)宋犖鑒定

清康熙三十七年(1698)刻本

四册(一函)

十行二十一字

白口,雙魚尾,四周單邊

框高 17.7 厘米,寬 13.3 厘米;開本高 26.6 厘米,寬 17.6 厘米

歐陽修《原序》

宋犖《蘇子美文集序》[清康熙三十七年(1698)]

孫岳頒《序》[清康熙三十七年(1698)]

徐釚《序》[清康熙三十八年(1699)]

徐惇復《序》[清康熙三十七年(1698)]

備注:有朱筆圈點。第二册有水漬。

集 4281/4428

346

**安陽集五十卷**

(宋)韓琦撰

**忠獻韓魏王别録三卷**

(宋)王巖叟撰

**忠獻韓魏王家傳十卷**

(宋)强至撰

**忠獻韓魏王遺事一卷**

(宋)王巖叟撰

明萬曆刻本

十册(二函)

十行十八字

白口,單魚尾,左右雙邊

框高 18.7 厘米,寬 14.2 厘米;開本高 26.4 厘米,寬 15.9 厘米

曾大有《安陽集序》[明正德九年(1514)]

張應登《安陽集重刻後序》[明萬曆十五年(1587)]

版心鎸刻工“吴”“張”“德”“臣”“裴”“恩”“山”等

鈐有“鏡山書屋”朱文方印、“羅澤南”朱文圖記

備注:忠獻韓魏王遺事一卷殘缺。

集 4281/4414

347

**宋大家蘇文公文抄十卷**

(宋)蘇洵撰　(明)茅坤評

明茅一桂刻本

八册(一函)

九行十九字

白口,單魚尾,左右雙邊

框高 20.5 厘米,寬 14 厘米;開本高 27.5 厘米,寬 17.6 厘米

茅坤《蘇文公文抄引》
版心鐫字數
版心鐫刻工“傅汝光”“付”等
鈐有“周氏藏書之印”朱文方印
備注：茅坤《蘇文公文抄引》後鐫“侄茅一桂校刊”。
集 4281/4437(2)

348
**元豐類稿五十卷首一卷**
(宋)曾鞏撰
清乾隆二十八年(1763)刻本
八册(一函)
十行二十字，小字雙行同
白口，單魚尾，左右雙邊
框高 19.4 厘米，寬 14.5 厘米；開本高 24.4 厘米，寬 15.5 厘米
王震《序》[宋元豐八年(1085)]
王一夔《序》[明成化六年(1470)]
曾佩《粹言序》[明隆慶元年(1567)]
邵廉《序》[明隆慶五年(1571)]
李良翰《跋》
甯瑞鯉《序》[明萬曆二十五年(1597)]
邵睿明《重修曾文定公南豐先生文集序》
版心下鐫“查溪藏板”
備注：蟲蛀嚴重，有修補，卷五十殘。
集 4281/8017

349
**元豐類稿五十卷目錄一卷**
(宋)曾鞏撰
清乾隆二十八年(1763)刻本
十二册(一函)
十行二十字
白口，單魚尾，左右雙邊
框高 19.9 厘米，寬 14.5 厘米；開本高 25.3 厘米，寬 17.1 厘米
陳宗禮《序》[宋寶祐四年(1256)]
熊士伯《南豐先生文集序》
邵睿明《重修曾文定公南豐先生文集序》
王震《序》[宋元豐八年(1085)]
王一夔《序》[明成化六年(1470)]
曾佩《粹言序》[明隆慶元年(1567)]
邵廉《序》[明隆慶五年(1571)]
李良翰《跋》
甯瑞鯉《序》[明萬曆二十五年(1597)]
版心下鐫“查溪藏板”
書名頁鐫“乾隆癸未年重鐫/門人陳師道編輯/元豐彙稿/查溪藏板”
鈐有“安徽公立法政專門學校圖書館”朱文橢圓印
集 4281/8017.5

350
**臨川先生文集一百卷目錄二卷**
(宋)王安石撰
明嘉靖三十九年(1560)刻本

二十六册(五函)
十二行二十字,小字雙行同
白口,有單魚尾、雙魚尾,左右雙邊
框高 20.3 厘米,寬 16.2 厘米;開本高 28.7 厘米,寬 19.1 厘米
王宗沐《臨川文集序》[明嘉靖三十九年(1560)]
黄次山《紹興重刊臨川文集叙》
陳九川《王臨川文集後序》[明嘉靖二十五年(1546)]
章衮《書臨川文集後》[明嘉靖二十五年(1546)]
應雲鸑《臨川集序》[明嘉靖二十五年(1546)]
版心鎸字數
版心鎸刻工"付仁九""貴""才""楊模三"等
備注:有補版。

集 4281/1031(1)

351

**臨川先生文集一百卷目録二卷**

(宋)王安石撰
明嘉靖刻本
二十册(四函)
十二行二十字,小字雙行同
白口,有單魚尾、雙魚尾,左右雙邊
框高 20.1 厘米,寬 16 厘米;開本高 28.1 厘米,寬 19.1 厘米
黄次山《紹興重刊臨川文集叙》
鈐有"曾經東山柳蓉邨過眼印"朱文方印
備注:有水漬、污漬。

集 4281/1031

352

**宋大家王文公文鈔十六卷**

(宋)王安石撰　(明)茅坤批評　(明)茅一桂校訂
明刻本
六册(一函)
九行十九字
白口,單魚尾,左右雙邊
框高 20.1 厘米,寬 13.9 厘米;開本高 26.1 厘米,寬 15.8 厘米
茅坤《王文公文鈔引》
鈐有"竟陵李氏珍藏"朱文方印、"李延福"朱文方印、"仁者壽"陰陽方印、"東如"朱文方印、"琅玕精舍"朱文方印
備注:老化嚴重。

集 4281/1031(2)

353

**蘇文忠公全集一百十卷**

(宋)蘇軾撰

**附東坡年譜一卷**

(宋)王宗稷編
明嘉靖十三年(1534)江西布政司刻本(本傳配抄補四頁)
六十四册(十二函)
缺七卷(内制集七至十、應詔集一至三)
十行二十字,小字雙行同

白口，雙魚尾，四周雙邊
框高 20.6 厘米，寬 13 厘米；開本高 29.5 厘米，寬 18 厘米
李紹《重刊蘇文忠公全集贊并序》［明成化四年（1468）］
宋孝宗趙昚《御製文忠蘇軾文集序》［宋乾道九年（1173）］
續集卷末有牌記“嘉靖十三年江西布政司重刊/南豐縣學教諭繆宗道校正”
後集鈐有“可喜書屋”白文方印、“保正”朱文方印
備注：本書修補過，金鑲玉裝。有朱、墨筆圈點。

集 4281/4428(3)

354
**東坡先生禪喜集四卷**
（宋）蘇軾撰　（明）徐長孺編
明刻本
四册（一函）
八行十八字
白口，單魚尾，四周單邊
框高 18.4 厘米，寬 12.4 厘米；開本高 25.4 厘米，寬 15.3 厘米
陸樹聲《題東坡禪喜集》［明萬曆十八年（1590）］
陳繼儒《序》［明萬曆十八年（1590）］
唐文獻《跋東坡禪喜集後》
鈐有“南陵徐氏”朱文方印、“李玉氏”白文方印、“積學齋徐乃昌藏書”朱文長方印、“徐乃昌讀”朱文方印
備注：書末鎸“謝山樵隱陳邦泰大來書”。

集 4281/4453(2)

355
**坡仙集十六卷**
（宋）蘇軾撰　（明）李贄評選
明萬曆四十七年（1619）程明善刻本
六册（一函）
九行二十字
白口，單魚尾，四周單邊
框高 23.3 厘米，寬 15.1 厘米；開本高 26.9 厘米，寬 17.4 厘米
焦竑《刻坡仙集抄引》［明萬曆二十八年（1600）］
程明善《跋》［明萬曆四十七年（1619）］
版心鎸字數
版心鎸刻工“潘徐”“梁”“仲”“國”等

集 4281/4453(6)

356
**東坡集選五十卷集餘一卷**
（宋）蘇軾撰　（明）陳繼儒選
**外紀二卷**
（明）王世貞編
**外紀逸編一卷**
（明）璩之璞撰
明末刻本
十二册（二函）

九行十九字
白口,單魚尾,四周單邊
框高 22 厘米,寬 14.4 厘米;開本高 27.6 厘米,寬 17.3 厘米
陳繼儒《蘇長公集選叙》
備注:書皮脆化破損。

集 4281/4453(1)

357
**東坡題跋六卷目録一卷**
(宋)蘇軾撰　(明)毛晋訂
明末汲古閣刻本
七册(一函)
八行十九字
白口,無魚尾,左右雙邊
框高 18.8 厘米,寬 13.5 厘米;開本高 24.9 厘米,寬 15.8 厘米
毛晋《跋》
版心下鎸"汲古閣"
備注:有朱筆眉批。

集 4281/4453(5)

358
**施註蘇詩四十二卷續補遺二卷附録一卷**
(宋)蘇軾撰　(宋)施元之注　(清)邵長蘅刪補
清康熙三十八年(1699)宋犖刻本
十册(二函)
十行二十一字,小字雙行三十一字
黑口,單魚尾,四周單邊
框高 18.9 厘米,寬 14.4 厘米;開本高 26.6 厘米,寬 17.2 厘米
宋犖《序》[清康熙三十八年(1699)]
張榕端《序》[清康熙三十九年(1700)]
邵長蘅《題舊本施注蘇詩》[清康熙三十八年(1699)]
鈐有"鴻舉"朱文方印、"安陽謝氏三餘堂藏書之印"朱文方印、"玉墨軒"朱文方印、"知足知不足之齋"朱文方印
卷四十二末有曉嵐題識
備注:有朱筆圈點批注。首有滿、漢文官印。

集 4281/4453

359
**施註蘇詩四十二卷總目二卷**
(宋)蘇軾撰　(宋)施元之注
清康熙三十八年(1699)刻本
十册(一函)
十行二十一字,小字雙行三十一字
黑口,單魚尾,四周單邊
框高 18.6 厘米,寬 14.2 厘米;開本高 25.6 厘米,寬 17.3 厘米
邵長蘅《題舊本施注蘇詩》[清康熙三十八年(1699)](抄補)
鈐有"莊炎私印"白文方印、"正龠之珍"白文方印、"洩棠書屋藏書之印"白文方印

集 4281/4453(7)

360

**蘇詩補註五十卷首附年表目録**

(宋)蘇軾撰　(清)查慎行補注

清乾隆二十六年(1761)查氏香雨齋刻本

十六册(二函)

十行二十一字,小字雙行三十二字

白口,單魚尾,左右雙邊

框高 18.1 厘米,寬 14.2 厘米;開本高 24 厘米,寬 15.5 厘米

宋孝宗趙昚《宋孝宗御製蘇文忠公集序并贊》[宋乾道九年(1173)]

查開《後跋》[清乾隆二十六年(1761)]

版心下鎸"香雨齋"

備注:題名依版心,卷端題名爲"東坡先生編年詩"。封頁題"曹氏珍藏"。酸化、老化嚴重。

集 4281/4453.13

361

**蘇長公合作内外篇不分卷**

(宋)蘇軾撰　(明)鄭之惠評選

明刻本

二册(一函)

九行二十二字

白口,無魚尾,四周單邊

框高 21.7 厘米,寬 13.5 厘米;開本高 26.4 厘米,寬 16.4 厘米

鄭之惠《序》(殘缺)

版心鎸字數

鈐有"映紅樓珍藏"朱文方印、"縵雲"朱文方印、"王定祥印"白文方印、"紗灣山人"朱文方印

備注:蟲蛀嚴重,裝訂綫斷裂,末篇殘缺。

集 4281/4453(8)

362

**蘇文忠公策論選十二卷**

(宋)蘇軾撰　(明)茅坤　(明)鍾惺評

明天啓元年(1621)刻三色套印本

四册(一函)

九行十九字

白口,無魚尾,四周單邊

框高 20.2 厘米,寬 14.6 厘米;開本高 26.5 厘米,寬 17 厘米

沈緒蕃《蘇長公策論叙》

韓昌箕《叙》[明天啓元年(1621)]

鈐有"原長"朱文方印、"吴熙祖印"白文方印

備注:脆化、老化、酸化嚴重,書衣破損。

集 4281/4453(3)

363

**蘇長公小品二卷**

(宋)蘇軾撰　(明)王納諫評選

明刻本

四册(一函)

九行二十一字

白口,無魚尾,四周單邊

框高 21.6 厘米,寬 13.4 厘米;開

本高 25.4 厘米,寬 15.9 厘米
備注:修復過,書衣脆化。
集 4281/4453(4)

364
**欒城集五十卷後集二十四卷三集十卷應詔集十二卷目録一卷**
(宋)蘇轍撰
明萬曆清夢軒刻本
二十册(二函)
十行二十字,小字雙行同
白口,單魚尾,左右雙邊
框高 21.2 厘米,寬 15.3 厘米;開本高 27.3 厘米,寬 17.1 厘米
鄧光《欒城集跋語》[宋淳熙六年(1179)]
蘇詡《跋》[宋淳熙六年(1179)]
蘇森《跋》[宋開禧三年(1207)]
蘇轍《欒城後集引》
版心鎸字數,卷端版心下鎸"錫山施世名書""常郡施行奇書""梁溪施行奇書""姑蘇郭泰來書"等
版心鎸刻工"郭秀""湯世仁""宇""萬""禾"等
備注:此書爲清夢軒藏板。蟲蛀嚴重,有水漬。
集 4281/4428(1)

365
**山谷老人刀筆二十卷**
(宋)黄庭堅撰
明刻本
六册(一函)
十二行十九字
白口,雙魚尾,左右雙邊
框高 15.9 厘米,寬 11.5 厘米;開本高 25.4 厘米,寬 16.4 厘米
卷首鈐有"嘉定胡士熙春臺氏印"白文方印、"春臺鑒藏"白文方印、"槎客"朱文方印、"眄柯廬"白文方印
備注:有墨筆眉批。全書修復過(用古籍書頁襯裱),第一册斷綫散頁,有黴斑。
集 4281/4437

366
**淮海集四十卷後集六卷長短句三卷**
(宋)秦觀撰
明萬曆四十六年(1618)李之藻刻本
九册(二函)
存十六卷(四至十、後集六卷、長短句三卷)
九行二十一字
白口,單魚尾,左右雙邊
框高 20.8 厘米,寬 14 厘米;開本高 26.1 厘米,寬 16.8 厘米
集 4281/5047

367
**宛丘先生文集四十一卷柯山樂府一卷**
(宋)張耒撰
清道光二十二年(1842)丁壽昌抄、

同治十年(1871)丁壽恒補抄本
十六册(二函)
九行至十行不等,十七字至二十五字不等
無框格;開本高 27.4 厘米,寬 16.9 厘米
鈐有"丁氏頤伯"白文方印、"得者寶之"白文方印、"頤志齋藏書記"朱文方印、"周氏漁農"朱文方印、"沈豈"朱文方印、"秋齋珍藏"朱文方印、"秋翁讀書"白文方印、"葉名澧"陰陽方印、"潤臣過眼"陰陽方印、"芳圃"朱文方印、"寸園藏書"白文方印、"虞山沈氏希任齋劫餘"朱文方印、"臣佋校字"白文方印、"丁壽昌印"朱文方印、"臣伯"朱文方印、"曾在沈芳圃家"朱文方印、"柘翁"白文方印
書首有丁壽昌題記一則,卷二十七末有丁壽昌校記兩則[清道光二十六年(1846)],書末有柘翁題識一則、丁壽恒題識一則[清同治十年(1871)]

集 4281/1150

368

**宋宗忠簡公集六卷雜録一卷始末徵一卷**

(宋)宗澤撰　(明)熊人霖重訂
明崇禎十三年(1640)熊人霖刻本
四册(一函)
八行十九字
白口,單魚尾,四周單邊
框高 18.8 厘米,寬 13.7 厘米;開本高 25.6 厘米,寬 15.6 厘米
熊人霖《宗忠簡公文集序》[明崇禎十三年(1640)]
黄正賓《重刻宋宗忠簡公集小序》
鈐有"太原叔子藏書記"白文方印、"粗軒主人藏書印"朱文方印

集 4282/3036

369

**斜川詩集十卷首目録一卷**

(宋)蘇過撰
清活字印本
四册(一函)
十一行二十二字
黑口,單魚尾,左右雙邊
框高 18 厘米,寬 14 厘米;開本高 24.5 厘米,寬 16.4 厘米
鈐有"天籟閣"朱文方印、"常睿"朱文方印、"項墨林父秘笈之印"朱文方印、"子京父印"朱文方印、"長白舒穆嚕氏珍藏圖書印記"朱文方印、"德恒印信"朱文方印、"桂舫"朱文圜印、"小顏過目"朱文方印、"韓韵海印"白文方印、"桂舫珍玩"白文方印、"檻外道人"朱文方印、"昌黎後人"白文方印

集 4281/4437(1)

370

**洪文敏公集八卷**

(宋)洪邁撰

清抄本

四册(一函)

十二行十八字,小字雙行同

黑口,雙魚尾,左右雙邊

框高 18.7 厘米,寬 12.3 厘米;開本高 26.4 厘米,寬 16.4 厘米

鈐有"愛日精廬藏書"朱文方印

備注:有朱筆校注。此書《四庫全書總目》未著録。

集 4284/3434

371

**陸放翁全集六種**

(宋)陸游撰

明末汲古閣刻本

四十册(四函)

八行十八字

白口,無魚尾,左右雙邊

框高 18.2 厘米,寬 14.3 厘米;開本高 23.8 厘米,寬 15.9 厘米

陸子遹《文集跋》[宋嘉定十三年(1220)]

毛晉《文集題記》

鄭師尹《劍南詩稿序》[宋淳熙十四年(1187)]

毛扆《逸稿題識》

毛晉《南唐書題識》

毛晉《家世舊聞題識》

版心下鎸"汲古閣"

書名頁鎸"陸放翁全集/渭南文集　劍南詩稿　逸稿　南唐書　家世舊聞/虞山詩禮堂張氏藏板"

鈐有"愚齋圖書館藏"朱文方印、"國立交通大學圖書館藏"朱文長方印

集 4282/7438(1)

372

**陸放翁全集五種**

(宋)陸游撰

明汲古閣刻本

十五册(一函)

存一種五十卷(渭南文集五十卷)

八行十八字

白口,無魚尾,左右雙邊

框高 18.5 厘米,寬 14.3 厘米;開本高 26.6 厘米,寬 17.1 厘米

版心下鎸"汲古閣"

書名頁鎸"陸放翁全集/渭南文集　劍南詩稿　逸稿　南唐書　家世舊聞/楚濮李氏森寶齋藏板"

集 4282/7438(8)

373

**陸放翁全集四種**

(宋)陸游撰

明末汲古閣刻本

四册(一函)

八行十八字

白口,無魚尾,左右雙邊

框高 18.1 厘米,寬 14.4 厘米;開

本高 26.7 厘米,寬 16.9 厘米
毛扆《放翁逸稿題識》
毛扆《南唐書識語》
毛扆《音釋識語》
毛扆《家世舊聞識語》
毛扆《齋居紀事識語》
版心鎸“汲古閣”

集 4282/7438(7)

374

**劍南詩稿八十五卷**

(宋)陸游撰
明末汲古閣刻本
四十一册(四函)
八行十八字
白口,無魚尾,左右雙邊
框高 19.3 厘米,寬 14.5 厘米;開本高 26.8 厘米,寬 17.2 厘米
鄭師尹《序》[宋淳熙十四年(1187)]
陸子虡《跋》[宋嘉定十三年(1220)]
毛晋《跋》
版心下鎸“汲古閣”
備注:鄭師尹《序》後鎸“宋板翻雕”。

集 4282/7438

375

**劍南詩稿八十五卷**

(宋)陸游撰
明末汲古閣刻本
二十三册(四函)
八行十八字
白口,無魚尾,左右雙邊
框高 18.6 厘米,寬 14.2 厘米;開本高 25.4 厘米,寬 16.9 厘米
鄭師尹《序》[宋淳熙十四年(1187)]
陸子虡《跋》[宋嘉定十三年(1220)]
毛晋《跋》
版心鎸“汲古閣”
鈐有“蘭言氏珍藏”朱文方印
備注:鄭師尹《序》後鎸“宋板翻雕”。有墨筆圈點。第四函有蟲蛀、水漬。

集 4282/7438(6)

376

**劍南詩鈔不分卷**

(宋)陸游撰　(清)楊大鶴選
清康熙二十四年(1685)楊氏刻本
四册(一函)
十行十八字
白口,單魚尾,左右雙邊
框高 16.6 厘米,寬 13.3 厘米;開本高 23.1 厘米,寬 15.6 厘米
楊大鶴《序》[清康熙二十四年(1685)]
書名頁鎸“康熙乙丑新鎸/武進楊芝田手選/劍南詩鈔/劍南集苦無善本,兹刻祇依毛氏本而魯魚頗多,因復細加訂正,梓人剞劂,凡閱夏秋而成,可無訛忒,庶用廣之同好。坊間如有私擅翻刻者,定行鳴之當事,嚴加重懲,并此附白/本府藏板”

集 4282/7438(2)

377

**渭南文集五十卷**

(宋)陸游撰

明汲古閣刻本

八册(一函)

八行十八字

白口,無魚尾,左右雙邊

框高 18.8 厘米,寬 14.1 厘米;開本高 24.4 厘米,寬 15.9 厘米

陸子遹《跋》[宋嘉定十三年(1220)]

毛晋《題識》

版心鎸"汲古閣"

集 4282/7438(5)

378

**渭南文集五十卷**

(宋)陸游撰

明末汲古閣刻本

十册(二函)

八行十八字

白口,無魚尾,左右雙邊

框高 18.6 厘米,寬 14.4 厘米;開本高 24.6 厘米,寬 16 厘米

陸子遹《跋》[宋嘉定十三年(1220)]

毛晋《題識》

版心鎸"汲古閣"

卷二十六目録頁鈐有"周廷蕭印"朱文方印

集 4282/7438(4)

379

**渭南文集五十卷**

(宋)陸游撰

明末汲古閣刻本

十册(一函)

八行十八字

白口,無魚尾,左右雙邊

框高 18.7 厘米,寬 14.3 厘米;開本高 26.1 厘米,寬 16.1 厘米

陸子遹《跋》[宋嘉定十三年(1220)]

毛晋《題識》

版心鎸"汲古閣"

首卷卷端鈐有"玉泉珍藏"朱文方印

集 4282/7438(3)

380

**范石湖詩集二十卷**

(宋)范成大撰

清康熙二十七年(1688)刻本

四册(一函)

十行十九字

黑口,雙魚尾,四周單邊

框高 18.2 厘米,寬 13.6 厘米;開本高 26 厘米,寬 16.5 厘米

李振裕《序》[清康熙二十七年(1688)]

黄昌衢《校刻石湖詩集書後》[清康熙二十七年(1688)]

楊萬里《石湖詩集原序》[宋紹熙五年(1194)]

書名頁鎸"李醒齋先生定本/婺源

黄康謡訂/石湖詩集/藜照樓藏板"
鈐有"藜照樓"朱文橢圓印、"沙山姜體乾藏"朱文長方印
集 4282/4454

381
**羅鄂州小集六卷**
(宋)羅願撰　(清)程哲輯
**羅郢州遺文一卷**
(宋)羅頌撰　(清)程哲輯
清康熙程氏校刻本
四册(一函)
十一行二十一字
白口,單魚尾,左右雙邊
框高 17.4 厘米,寬 13.1 厘米;開本高 26.5 厘米,寬 17.5 厘米
程哲《序》[清康熙五十二年(1713)](殘缺)
鄭玉《羅鄂州小集原序》[宋乾道二年(1166)]
趙汸《原序》
趙塤《原序》
李宗頤《原序》
宋濂《原序》[明洪武二年(1369)]
王禕《鄂州小集原序》[明洪武二年(1369)]
馬珹《原序》[明洪武二年(1369)]
蘇伯衡《原序》[明洪武二年(1369)]
林公慶《原序》[明洪武二年(1369)]
祝允明《原序》
羅文達《原跋》[明弘治十一年(1498)]
羅朗《原跋》[明天啓六年(1626)]
版心鎸字數
集 4282/6071

382
**撫州金谿陸象山先生全集三十六卷**
(宋)陸九淵撰
**附學則辨**
(明)徐階撰
明嘉靖四十年(1561)刻本
八册(一函)
十行二十字
白口,單魚尾,四周雙邊
框高 19.6 厘米,寬 13.1 厘米;開本高 25.6 厘米,寬 15.2 厘米
王守仁《象山先生全集叙》[明正德十六年(1521)]
□□《象山先生文集序》
楊簡《序》[宋開禧元年(1205)]
袁燮《陸象山先生文集序》[宋嘉定五年(1212)]
王宗沐《陸象山先生集序》[明嘉靖四十年(1561)]
卷十三版心間鎸"玉書家藏"
鈐有"建秋"朱文方印、"曹敦録"白文方印、"王文夷讀書印"朱文方印、"三好堂王氏兄弟收古圖籍金石書畫印記"朱文方印、"椿蔭簃"白文方印、"得歸茆屋"朱文方印、"華陽王雪澂隨身書卷"朱文方印、"福迎齋"白

文方印、"文壽長年"白文方印

集 4282/7443

383

**姜白石詩詞合集十卷**

（宋）姜夔撰

清乾隆三十六年（1771）隨月讀書樓刻本

二册（一函）

十一行十九字

白口，單魚尾，左右雙邊

框高 17.9 厘米，寬 11.5 厘米；開本高 28.4 厘米，寬 18.1 厘米

江春《序》［清乾隆三十六年（1771）］

陸鐘輝《序》［清乾隆八年（1743）］

書名頁鐫"姜白石詩詞合集/隨月讀書樓藏板"

鈐有"古潤吴載和仲坰藏書"朱文方印、"存景老人"朱文方印、"吴眉孫"朱文方印、"覺孫"朱文方印、"吴庠"朱文方印、"貞白"朱文方印、"碧雙樓"白文方印、"吴載龢印"白文方印、"師李齋藏"朱文方印

護頁題："舊藏姜集，此本外尚有華亭張刻本，乙酉年兩本皆以易米去，此本爲仲坰兄所得。張刻自不知流于何所矣。甲午四月朔，仲坰兄携此來觀，以係碧雙樓舊物，屬題記云。貞白。"

卷首有吴眉孫題識

備注：水漬嚴重、有墨筆批注。

集 4282/8080

384

**箋釋梅亭先生四六標準四十卷**

（宋）李劉撰　（明）孫雲翼箋釋

明萬曆四十四年（1616）梅墅石渠閣刻本

十册（二函）

十行二十一字，小字雙行同

白口，單魚尾，左右雙邊

框高 20.2 厘米，寬 14.6 厘米；開本高 23 厘米，寬 15.6 厘米

馮夢禎《四六標準序》［明萬曆二十五年（1597）］

羅逢吉《四六標準舊序》

孫雲翼《四六標準箋引》［明萬曆四十四年（1616）］

書名頁鐫"宋李梅亭選輯/四六標準/梅墅石渠閣梓"

書名頁鈐有"蔣氏家珍"朱文方印

集 4282/4072

385

**廬陵宋丞相信國公文忠烈先生全集十六卷目録一卷**

（宋）文天祥撰

清雍正三年（1725）刻本

十册（二函）

十行二十字

白口，單魚尾，四周雙邊

框高 22.2 厘米，寬 15.6 厘米；開

本高 28.7 厘米,寬 18.2 厘米
清高宗弘曆《御製宋文信國公文》［清乾隆二年(1737)］
沈翼機《文山先生文集序》［清雍正三年(1725)］
吴銓《序》［清雍正三年(1725)］
涂宗震《鼎鋟文文山先生文集序》［清雍正三年(1725)］
羅洪先《原序》［明嘉靖三十九年(1560)］
文有焕《重刻太祖信國公文集序》
文鳳翀《鼎鋟太祖信國公全集跋語》
書名頁鎸"雍正三年新鎸/廬陵文丞相文山先生全集/五桂堂藏板"
鈐有"愚齋圖書館藏"朱文方印、"國立交通大學圖書館藏"朱文長方印
備注:蟲蛀嚴重。

集 4282/0013

386

**楊仲弘詩八卷**

(元)楊載撰　(明)毛晉訂
明末汲古閣刻本
一册(一函)
九行十九字
白口,無魚尾,左右雙邊
框高 18.9 厘米,寬 14.4 厘米;開本高 27.6 厘米,寬 18.3 厘米
范梈《序》［元致和元年(1328)］
版心鎸"汲古閣"
鈐有"陸氏之印"朱文方印、"湖西草堂"白文方印

集 4210/4643

387

**楊鐵崖先生文集十一卷**

(元)楊維楨撰
明刻本
八册(一函)
九行二十字,小字雙行同
白口,單魚尾,四周單邊
框高 21.6 厘米,寬 15 厘米;開本高 27.8 厘米,寬 17.9 厘米
貝瓊《鉄崖先生大全集叙》［元至正二十五年(1365)］
章懋《楊鉄崖先生咏史古樂府序》
鈐有"葉德輝焕彬甫藏圖書"朱文長方印
備注:書籍有修補,裝訂綫脱落嚴重。

集 4210/4624

388

**吴淵穎先生集十二卷**

(元)吴萊撰　(清)王邦采　(清)王繩曾箋
清康熙六十年(1721)刻本
六册(一函)
九行十八字,小字雙行同
黑口,單魚尾,四周單邊
框高 17 厘米,寬 12.3 厘米;開本

高 27 厘米，寬 17.3 厘米
王初泉《序》［清康熙六十年（1721）］
胡翰《原序》［元至正十二年（1352）］
劉基《原序》
胡助《原序》
書名頁鎸"錫山王貽六　武沂箋/吴淵穎集/文集即出/林養堂藏板"
鈐有"林養堂"朱文方印、"東漢傳經之家"朱文方印
備注：目録頁末鎸"錫山張廷俊文英書許昌祚匯成鎸"。

集 4210/6044

389

**倪雲林先生詩集六卷附録一卷集外詩一卷**

（元）倪瓚撰　（明）毛晋編
明末汲古閣刻本
四册（一函）
九行十九字
白口，無魚尾，左右雙邊
框高 19 厘米，寬 14.4 厘米；開本高 27.3 厘米，寬 18 厘米
鈐有"蔡汝龍印"白文方印、"長宜孫"白文方印、"昌言父"朱文方印
備注：有朱筆批注。

集 4210/2714

390

**太師誠意伯劉文成公集二十卷首一卷**

（明）劉基撰
清乾隆十一年（1746）刻本
十四册（一函）
十行二十三字
白口，單魚尾，左右雙邊
框高 19.5 厘米，寬 13.9 厘米；開本高 25.3 厘米，寬 14.8 厘米
高居寧《劉文成公文集後序》［清乾隆十一年（1746）］
萬里《補刻明太師誠意伯劉文成公集序》［清雍正八年（1730）］
謝廷傑《誠意伯劉文成公集序》［明隆慶六年（1572）］
葉蕃《寫情集序》［明洪武十三年（1380）］
吴從善《郁離子序》
王景《翊運録序》［明永樂二年（1404）］
羅汝敬《覆瓿集序》［明宣德五年（1430）］
李時勉《犁眉公集序》［明宣德五年（1430）］
林富《重鋟誠意伯劉公文集序》［明正德十四年（1519）］
李本《重編誠意伯文集序》［明嘉靖三十五年（1556）］
陳烈《重刻誠意伯劉公文集後序》［明隆慶六年（1572）］
何鏜《重刻誠意伯劉公文集序》［明隆慶六年（1572）］
樊獻科《刻誠意伯文集引》［明嘉靖三十五年（1556）］

備注:有朱筆圈點。卷二十殘。

集 4211./7244.3

391

**海叟詩集四卷集外詩一卷附録一卷**

(明)袁凱撰　(清)曹炳曾重輯

清康熙六十一年(1722)曹炳曾城書室刻本

六册(一函)

九行十九字

白口,單魚尾,左右雙邊

框高 18.8 厘米,寬 12.7 厘米;開本高 30 厘米,寬 17.7 厘米

姚弘緒《序》[清康熙六十一年(1722)]

曹炳曾《序》[清康熙六十一年(1722)]

李夢陽《序》[明正德元年(1506)]

陸深《跋》[明正德元年(1506)]

何景明《序》

董宜陽《跋》[明嘉靖四十三年(1564)]

何玄之《跋》[明隆慶四年(1570)]

王俞《跋》[明萬曆十七年(1589)]

林有麟《序》

鄭懷魁《序》[明萬曆三十七年(1609)]

張所望《序》[明萬曆三十七年(1609)]

張所敬《書後》[明萬曆三十八年(1610)]

曹一士《書後》[清康熙六十一年(1722)]

版心下鎸"城書室"

書名頁鎸"上海曹巢南重訂/袁海叟詩集/增集外詩　附録/城書室藏板"

備注:書末鎸"康熙再壬寅春日旌邑劉文彬開雕"。"玄"缺末筆。金鑲玉裝。

集 4211./4027

392

**心遠樓存稿八卷**

(明)楊琢著

清康熙刻本

二册(一函)

十行二十一字

白口,單魚尾,四周雙邊

框高 17.6 厘米,寬 13.6 厘米;開本高 23.8 厘米,寬 16 厘米

吴苑《序》[清康熙三十八年(1699)]

戴有祺《序》[清康熙三十九年(1700)]

鈐有"宜秋館藏書"白文方印、"金氏養真室藏書記"朱文長方印、"廬江化南金氏澤周觀"白文方印

集 4211./4611

393

**青邱高季迪先生詩集十八卷首一卷遺詩一卷鳧藻集五卷扣舷集一卷附録一卷年譜一卷**

(明)高啓撰　(清)金檀輯注

清雍正元年(1723)墨華池館寫刻本
十六册(二函)
十一行二十二字,小字雙行三十三字
白口,單魚尾,左右雙邊
框高17.9厘米,寬14.4厘米;開本高25.8厘米,寬16.4厘米
金檀《序》[清雍正六年(1728)]
高啓《自序》
胡翰《序》[明洪武二年(1369)]
王禕《序》[明洪武三年(1370)]
謝徽《序》[明洪武三年(1370)]
周立《序》[明永樂元年(1403)]
劉昌《序》[明景泰元年(1450)]
吴寬《序》
張泰《序》[明成化十四年(1478)]
書名頁鎸"高青邱詩集注/扣舷集附後/墨華池館"
鈐有"忠日堂梁氏珍藏"白文方印、"趙氏樂天樓珍藏"朱文方印、"趙恩館"白文橢圓印、"梁季思印"白文方印

集4211./0038

394

**方正學先生遜志齋集二十四卷外紀二卷**

(明)方孝孺撰
明萬曆刻本
八册(二函)
十行二十字
白口,單魚尾,四周單邊
框高21.6厘米,寬15.1厘米;開本高27厘米,寬17.5厘米
□□《重刻遜志齋集序》[明天順七年(1463)](殘缺)
趙洪《新刊正學方先生文集序》(殘缺)
范惟一《序》[明嘉靖四十年(1561)](殘缺)
唐堯臣《叙刻遜志齋集》
徐階《重刊遜志先生集序》[明萬曆四年(1576)]
林右《遜志齋集序》[明洪武三十年(1397)]
王紳《遜志齋集序》[明洪武三十年(1397)]
黄孔昭《新刻遜志齋集後序》[明成化十六年(1480)]
謝鐸《新刊遜志齋集後序》(殘缺)
版心鎸字數
版心鎸刻工"薛洪""邢立""萬林""胡正""陶山""朱通""陳倫""梅洪""洪其"等

集4211./0042(2)

395

**李卓吾評選方正學文集十一卷附録一卷**

(明)方孝孺撰　(明)李贄評
明刻本
二册(一函)
九行二十字
白口,單魚尾,四周單邊
框高21.5厘米,寬14.8厘米;開本高26.1厘米,寬17厘米

鈐有“華亭耿氏所藏”朱文方印

備注:護頁鎸“武林吴山■俞氏求古堂圖書”。首尾有殘。污損嚴重。

集 4211. /0042

396

**解學士文集十卷**

(明)解縉撰

明嘉靖四十一年(1562)刻本

九册(二函)

十二行二十三字

白口,單魚尾,四周雙邊

框高 20. 4 厘米,寬 15. 5 厘米;開本高 27 厘米,寬 16. 5 厘米

羅洪先《重刻解學士文集序》[明嘉靖四十一年(1562)]

黄諫《序》[明天順元年(1457)](配抄補一頁)

任亨泰《序》

蔡朔《序》[明天順八年(1464)]

版心鎸刻工“守”“忠”“國”“李”“松”“完”等

鈐有“復廬藏書”朱文方印、“漢鹿齋藏書印”朱文方印

備注:文字有漫漶不清之處,輕微老化酸化。

集 4211. /2721

397

**明胡敬齋先生文集三卷**

(明)胡居仁撰

清康熙四十七年(1708)正誼堂刻本

四册(一函)

十行二十四字

白口,單魚尾,四周單邊

框高 20. 8 厘米,寬 14 厘米;開本高 25. 1 厘米,寬 16. 8 厘米

張伯行《胡敬齋先生文集序》[清康熙四十七年(1708)]

余祐《胡文敬公集原序》[明弘治十七年(1504)]

版心下鎸“正誼堂”

集 4211. /4772

398

**王文成公全書三十八卷**

(明)王守仁撰

明隆慶六年(1572)謝廷傑刻本

十六册(二函)

九行十九字

白口,單魚尾,四周雙邊

框高 18. 7 厘米,寬 14. 2 厘米;開本高 27 厘米,寬 17. 2 厘米

徐階《序》

徐愛《傳習録序》

鄒守益《陽明先生文録序》[明嘉靖十五年(1536)]

錢德洪《陽明先生文録序》

王畿《重刻陽明先生文録後語》

徐階《陽明先生文録續編序》

□□《刻文録叙説》

鈐有“瓜瑞堂”朱文方印、“上海孫鑒子山氏收藏舊槧精鈔書籍記”

朱文長方印、"孫氏家藏善本書印"朱文長方印
備注:有朱筆圈點。有輕微蟲蛀。
集 4211./1032(2)

399
**陽明先生文録五卷外集九卷别録十卷**
(明)王守仁撰
明嘉靖三十六年(1557)新安胡宗憲刻本(文録卷三配抄補)
三十六册(六函)
九行十九字
白口,單魚尾,四周雙邊
框高 20 厘米,寬 14.2 厘米;開本高 26.1 厘米,寬 17.2 厘米
胡宗憲《重刊陽明先生文録叙》[明嘉靖三十六年(1557)]
黄綰《序》[明嘉靖十四年(1535)]
鄒守益《序》[明嘉靖十五年(1536)]
唐堯臣《跋重刻陽明先生文録後》[明嘉靖三十七年(1558)]
王畿《重刻陽明先生文録後語》[明嘉靖三十六年(1557)]
鈐有"國章"朱文方印、"東莞莫氏福功堂藏書"朱文長方印
備注:文録卷四黴蝕嚴重,天頭絮化。裝訂有錯頁。
集 4211./1032

400
**凌溪先生集十八卷**
(明)朱應登撰
明嘉靖刻本
四册(一函)
十行十九字
白口,雙魚尾,四周單邊
框高 18.5 厘米,寬 14.6 厘米;開本高 25.9 厘米,寬 16.2 厘米
許宗魯《叙》
版心鎸刻工"章夫言"
集 4211./2501

401
**鈐山堂集四十卷**
(明)嚴嵩撰
清乾隆二十三年(1758)刻本
十六册(二函)
存三十二卷(一至三十二)
十行二十一字,小字雙行同
黑口,單魚尾,四周單邊
框高 18.5 厘米,寬 13.8 厘米;開本高 28.9 厘米,寬 17.3 厘米
湛若水《序》[明嘉靖三十年(1551)]
張治《序》[明嘉靖二十四年(1545)]
王廷相《序》[明嘉靖十二年(1533)]
唐龍《序》[明嘉靖十年(1531)]
劉節《序》[明嘉靖十一年(1532)]
黄綰《序》[明嘉靖十二年(1533)]
崔銑《序》[明嘉靖十八年(1539)]
孫偉《鈐山堂詩序》[明正德十年(1515)]
王維楨《鈐山堂詩序》[明嘉靖二

十五年(1546)]
楊慎《序》[明嘉靖二十五年(1546)]
趙貞吉《序》[明嘉靖三十八年(1559)]
唐順之《序》[明嘉靖三十八年(1559)]
嚴嵩《序》[明嘉靖三十七年(1558)]
書名頁鎸"乾隆二十三年重鎸/少師嚴介溪著/鈐山堂集/二酉堂藏板"
鈐有"今關天彭藏書印"朱文長方印

集 4211. /6622. 2

402

**何氏集二十六卷**

(明)何景明撰
明嘉靖十年(1531)義陽書院刻本
八册(一函)
十行十八字
白口,單魚尾,左右雙邊
框高 16. 5 厘米,寬 13. 5 厘米;開本高 25. 4 厘米,寬 15. 4 厘米
王廷相《序》[明嘉靖十年(1531)]
版心下鎸"義陽書院"及字數
版心鎸刻工"奎""朱"等
鈐有"聖備"朱文方印
備注:黴蝕嚴重,字迹漫漶,應爲後印本。卷十五蟲蛀。

集 4211. /2166(2)

403

**大復山人詩集精華録八卷附詩話一卷**

(明)何景明撰　(清)吴寧編
清乾隆五十年(1785)刻本
四册(一函)
九行十九字,小字雙行同
黑口,單魚尾,左右雙邊
框高 16. 7 厘米,寬 13. 5 厘米;開本高 24. 7 厘米,寬 16. 9 厘米
吴寧《序》[清乾隆五十年(1785)]
鈐有"歙鮑氏知不足齋藏書"朱文方印

集 4211. /2166

404

**蠛蠓集五卷**

(明)盧柟撰
明萬曆三十年(1602)張其忠刻本
六册(一函)
九行十八字
白口,單魚尾,四周雙邊
框高 21. 9 厘米,寬 15 厘米;開本高 26. 7 厘米,寬 16. 7 厘米
張臣胤《刻盧山人集序》[明萬曆二年(1574)]
盧柟《自序》[明嘉靖二十二年(1543)]
萬恭《重刻蠛蠓集引》
穆文熙《序》[明萬曆三年(1575)]
張其忠《重刻蠛蠓集序》[明萬曆三十年(1602)]
版心鎸刻工"萬""世""玉"等

備注：老化嚴重。

集 4211. /2145

405

**歸震川先生尺牘二卷**

(明)歸有光撰

清康熙刻本

六册(一函)

十行二十字

黑口,單魚尾,左右雙邊

框高 18. 3 厘米,寬 13. 4 厘米;開本高 25 厘米,寬 18. 6 厘米

汪繹《序》[清康熙十四年(1675)]

末有牌記"虞山如月樓刊""顧氏藏本"

備注：金鑲玉裝。

集 4211. /2749(2)

406

**茅鹿門先生文集三十六卷**

(明)茅坤撰

明萬曆刻本

十二册(二函)

十行十九字

白口,單魚尾,左右雙邊

框高 26. 6 厘米,寬 15. 1 厘米;開本高 27. 3 厘米,寬 17. 5 厘米

王宗沐《序》

陳文燭《白華樓稿序》[明萬曆十六年(1588)]

版心鎸字數

版心鎸刻工"戴應試""戴應聘""戴應詔""王化""王承""黄詔""邵良卿""崔河"等

集 4211/4445

407

**徐文長文集三十卷附補遺**

(明)徐渭撰 (明)袁宏道評點

**徐文長傳**

(明)陶望齡撰

明萬曆四十二年(1614)刻本(目録配抄補一頁)

二十四册(二函)

九行二十字

白口,單魚尾,四周單邊

框高 21. 5 厘米,寬 14. 9 厘米;開本高 26 厘米,寬 16. 1 厘米

□□《序》

虞淳熙《序》[明萬曆四十二年(1614)]

鈐有"碧梧翠竹之姿"白文方印、"曾藏洞庭葛香士家"白文長方印、"曾留張小林處"朱文方印、"清白吏子孫"朱文方印

備注：有蟲蛀。有朱筆圈點批注。

集 4211. /2836

408

**宗子相集十一卷附録一卷補遺一卷**

(明)宗臣撰

清抄本

四册(一函)

六行二十字

框高 18 厘米，寬 10.6 厘米；開本高 23 厘米，寬 12.6 厘米
樊獻科《序》［明嘉靖三十九年（1560）］
紅格紙版心上鎸"寸心千古"，版心下鎸"慶雲齋"
鈐有"莫友芝藏書印"朱文方印、"影山草堂"朱文方印、"碧芙蓉館"朱文方印、"復翁"白文方印、"黄丕烈印"白文方印、"寸心千古"白文方印、"永保平安"白文橢圓印

集 4211./3071

409

**弇州山人讀書後八卷**

（明）王世貞撰　（明）王士騄校正
明刻本
六册（一函）
八行十八字
白口，單魚尾，四周單邊
框高 22 厘米，寬 15.1 厘米；開本高 25.5 厘米，寬 16.6 厘米
陳繼儒《新刻弇州讀書後序》
王士騄《跋》

集 4211./1042

410

**玉茗堂全集十六卷**

（明）湯顯祖撰
明刻本（卷十六末配抄補一頁）
六册（一函）
七行十八字
白口，無魚尾，四周單邊
框高 22.2 厘米，寬 13.1 厘米；開本高 24.6 厘米，寬 15.2 厘米
備注：蟲蛀嚴重。

集 4211./3663

411

**玉茗堂詩集十二卷**

（明）湯顯祖撰　（明）沈際飛選

**傳一卷**

（明）鄒迪光撰
明崇禎九年（1636）刻本
十册（一函）
九行二十字
白口，無魚尾，四周單邊
框高 20.5 厘米，寬 14.4 厘米；開本高 25.4 厘米，寬 16.2 厘米
陳洪謐《序》［明崇禎九年（1636）］（殘缺）
鈐有"江寧李曾仲綸"朱文方印、"辛苦藏書視爲至寶子孫不讀鬻之亦好"朱文方印、"小樓霄山館藏書之章"朱文方印

集 4211./3663（2）

412

**容臺文集九卷**

（明）董其昌撰
明崇禎三年（1630）刻本
六册（一函）
八行十九字

白口,無魚尾,左右雙邊
框高 19.3 厘米,寬 13.4 厘米;開本高 27 厘米,寬 16.8 厘米
陳繼儒《叙》[明崇禎三年(1630)]
版心鎸刻工"顧公彦"等,卷端版心下鎸"金泰卿寫",目録前鎸"顧紹勛鎸"
鈐有"元將"朱文方印、"韓氏寶墨齋印"朱文方印

集 4211./4446

413

**緱山先生集二十七卷**

(明)王衡撰
明萬曆四十四年(1616)刻本
十册(一函)
存二十卷(一至二十)
九行十八字
白口,單魚尾,四周單邊
框高 21.8 厘米,寬 14 厘米;開本高 26.5 厘米,寬 16.5 厘米
馮時可《緱山王太史集序》[明萬曆四十四年(1616)]
陳繼儒《王太史辰玉集叙》[明萬曆四十四年(1616)]
婁堅《序》[明萬曆四十四年(1616)]
唐時升《詩序》
鈐有"師表人倫"朱文方印、"茹經堂印"朱文方印
備注:水浸,老化嚴重。

集 4211./1021

414

**天全堂集四卷續編一卷附録一卷**

(明)安希范撰
清乾隆安吉刻本
二册(一函)
九行二十字
白口,單魚尾,左右雙邊
框高 19.8 厘米,寬 13.3 厘米;開本高 22.5 厘米,寬 15.6 厘米
翁方綱《安我素先生集序》[清乾隆四十六年(1781)]
安經傳《跋》[清乾隆八年(1743)]
書名頁鎸"梁溪安我素先生著/天全堂集/第七世孫安吉校刊"
鈐有"愚齋圖書館藏"朱文方印、"國立交通大學圖書館藏"朱文長方印、"丙辰年查過"朱文圖記

集 4211./3044

415

**秋水庵花影集五卷**

(明)施紹莘撰
清初秋水庵刻本
八册(一函)
八行二十字
白口,無魚尾,四周單邊
框高 19.6 厘米,寬 13.2 厘米;開本高 25.6 厘米,寬 16.4 厘米
陳繼儒《叙》
顧乃大《序》
顧胤光《序》

沈士麟《序》
施紹莘《自序》
首序版心鐫"金泰卿寫刊"
書名頁鐫"秋水庵藏板/雲間施子野先生著/花影集　書林孫敬南行"
鈐有"翻刻必究"朱文方印、"戴廷輝印"白文方印、"程宗岱印"白文方印、"汪璟私印"白文方印
集 4211./0824

416
**牧齋初學集一百十卷目録二卷**
(清)錢謙益撰
明崇禎十六年(1643)刻本(卷十五中有配抄四頁)
十二册(四函)
十行十八字,小字雙行同
白口,單魚尾,四周單邊
框高 20.9 厘米,寬 14.7 厘米;開本高 26.1 厘米,寬 17 厘米
程嘉燧《牧齋先生初學集序》
曹學佺《錢受之先生集序》[明崇禎十七年(1644)]
蕭士瑋《讀牧齋集七則》
瞿式耜《牧齋先生初學集目録後序》[明崇禎十六年(1643)]
書名頁鐫"崇禎癸未歲刊行/錢牧齋先生初學集/燕譽堂藏板"
備注:第十二册後鐫"寧國府旌德縣劉入相字文華督工鐫刻"。
集 4212.1/8308(1)

417
**牧齋初學集一百十卷目録二卷**
(清)錢謙益撰
明崇禎十六年(1643)刻本
三十六册(六函)
十行十八字,小字雙行同
白口,單魚尾,四周單邊
框高 20.9 厘米,寬 14.5 厘米;開本高 24.6 厘米,寬 16.4 厘米
蕭士瑋《讀牧齋集七則》(裝訂有錯頁)
程嘉燧《牧齋先生初學集序》
曹學佺《錢受之先生集序》[明崇禎十七年(1644)]
瞿式耜《牧齋先生初學集目録後序》[明崇禎十六年(1643)]
書末鐫"崇禎癸未歲刊行/錢牧齋先生初學集/燕譽堂藏板"
鈐有"西溪草堂"白文方印、"修直"白文方印、"修直藏書"朱文方印、"百研堂"朱文方印
扉頁題"錢牧齋初學集弍拾陸册,壬戌冬日得于都門。西溪草堂藏書。"
備注:第十册後注"寧國府旌德縣劉入相字文華督工鐫刻"。
集 4212.1/8308(2)

418
**牧齋初學集詩註二十一卷**
(清)錢謙益撰　(清)錢曾箋注
清刻本

十五册(二函)
十行二十字,小字雙行同
黑口,單魚尾,四周單邊
框高 18 厘米,寬 14.1 厘米;開本高 25 厘米,寬 15.7 厘米
錢曾《序》
書名頁鎸"初學集箋注/玉詔堂藏板"
鈐有"希羽藏書"朱文方印
封頁有題記:"白意齋藏,庚辰五月十五日燈下樊山書面。"
備注:文中"玄"字有諱有不諱。每卷首作者名被塗黑。

集 4212.1/8308

419

**白耷山人詩選四卷**

(清)閻爾梅撰　(清)魯一同選
清抄本
二册(一函)
九行二十四字
無框格;開本高 24.1 厘米,寬 16.3 厘米
宋振仁《跋》
書首有宋振仁題識:"此吾淮道咸間著名古文學家魯一同嫡筆精選白耷山人詩,計分七律、五律、七絶、五絶四卷,采輯多係刻本所未收,搜集極富,特别是注釋考訂精審。惜乎魯氏選本,未曾付刻,此稿僅傳,不禁什襲藏之,視同鴻寶。"
備注:有圈點、眉批。

集 4212.1/7714

420

**原刊金聖嘆全集十六種**

(清)金聖嘆撰
清初刻本(左傳釋配抄補)
六册(一函)
十行二十二字,小字雙行同
白口,無魚尾,左右雙邊
框高 19 厘米,寬 14.7 厘米;開本高 24.3 厘米,寬 16.5 厘米
備注:書根題"原刊金聖嘆全集"。

集 4212.1/8016

421

**笠翁一家言文集四卷詩集八卷**

(清)李漁撰
清康熙刻本
四册(一函)
九行二十字
白口,無魚尾,四周單邊
框高 19.6 厘米,寬 12.4 厘米;開本高 23.3 厘米,寬 14.6 厘米
郇璿《李先生一家言叙》[清康熙九年(1670)]
李漁《自序》[清康熙十一年(1672)]
備注:上下兩欄,上欄鎸評注。文中有圈點。有修補。

集 4212.1/4037

422

**盦山集前集十二卷續集四卷再續集五卷**

(清)方文著　(清)王澤弘定
清康熙刻本
四册(一函)
十二行二十一字,小字雙行同
黑口,無魚尾,四周單邊
框高 18.8 厘米,寬 13.7 厘米;開本高 26.5 厘米,寬 17.5 厘米
李楷《盦山集序》
姚康《盦山集序》
李楷《北游草序》
王澤弘《北游草序》
王潢《北游草序》
嚴胤《盦山續集序》
王概《跋盦山續集後》[清康熙二十八年(1689)]
書名頁鎸"盦山集/古櫰堂藏板",又"盦山續集/古櫰堂藏板"

集 4212.1/0000

423

**兼濟堂文集選二十卷**

(清)魏裔介撰　(清)詹明章選
清康熙五十年(1711)龍江書院刻本
十六册(二函)
九行二十字
白口,單魚尾,左右雙邊
框高 18.4 厘米,寬 13.7 厘米;開本高 25.9 厘米,寬 15.8 厘米
吴偉業《原刻兼濟堂文集序》[清康熙七年(1668)]
魏裔介《兼濟堂諸刻自序》[清康熙十三年(1674)]
魏裔介《兼濟堂林下集自序》[清康熙十三年(1674)]
曹禾《原刻兼濟堂文集序》
詹明章《兼濟堂文集序》[清康熙五十年(1711)]
版心下鎸"龍江書院鎸"
書名頁鎸"柏鄉相國魏文毅公/兼濟堂集/本衙藏板"

集 4212.1/2608

424

**施愚山先生學餘詩集五十卷學餘文集二十八卷外集二卷**

(清)施閏章撰

**隨村先生遺集六卷**

(清)施瑮撰
清康熙四十七年(1708)曹寅刻乾隆三十年(1765)續刻本
九册(一函)
存四十五卷(詩集一至四十五,其中卷四十五殘缺)
十一行二十一字
白口,單魚尾,四周雙邊
框高 17.9 厘米,寬 13.8 厘米;開本高 23.2 厘米,寬 15.4 厘米
汪琬《序》

集 4212.1/0870.3

425

**七頌堂詩集九卷文集四卷**

(清)劉體仁撰

清康熙刻本

四册(一函)

詩集九行二十二字,文集九行十九字

白口,單魚尾,四周雙邊

詩集框高 19.5 厘米,寬 13.4 厘米;文集框高 17.2 厘米,寬 13.5 厘米;開本高 23.9 厘米,寬 15.3 厘米

施閏章《七頌堂詩序》[清康熙十五年(1676)]

徐乾學《序》[清康熙十七年(1678)]

書名頁鎸"潁川劉公勇先生著/七頌堂詩　補遺嗣出/本衙藏板"

鈐有"剪不斷理還亂是離愁"白文方印

集 4212.1/7272

426

**堯峰文鈔五十卷**

(清)汪琬撰　(清)林佶編

清康熙林佶刻本

六册(一函)

十三行二十五字

黑口,單魚尾,左右雙邊

框高 20 厘米,寬 14.3 厘米;開本高 25.2 厘米,寬 16.2 厘米

宋犖《序》[清康熙三十二年(1693)]

惠周惕《序》[清康熙三十二年(1693)]

書末鎸"吴郡程際生刻"

書名頁鎸"宋大中丞鑒定/堯峰文鈔"

鈐有"秀水莊氏蘭味軒收藏印"朱文方印、"朱道中讀書之記"朱文方印

集 4212.1/3113

427

**魏叔子文鈔十二卷**

(清)魏禧撰

清康熙刻本

四册(一函)

十二行二十三字

黑口,單魚尾,左右雙邊

框高 18.6 厘米,寬 14.4 厘米;開本高 26.9 厘米,寬 17.9 厘米

鈐有"曾在林勿村處"朱文橢圓印

集 4212.1/2634

428

**蕢邨集二種二十八卷**

(清)徐倬撰

清康熙刻本

八册(一函)

十行十九字

黑口,雙魚尾,左右雙邊

框高 17.3 厘米,寬 12.8 厘米;開本高 26.1 厘米,寬 16.6 厘米

陳元龍《序》[清康熙四十七年

（1708）]
鈐有“泰和蕭敷政蒲郙氏珍藏書籍之章”白文長方印
集 4212.1/2891

429
**改亭文集十六卷詩集六卷**
（清）計東撰　（清）汪琬選輯　（清）計瓚　（清）計嘉禾重編
清乾隆十三年（1748）讀書樂園刻本
四册（一函）
十行十九字，小字雙行同
黑口，單魚尾，左右雙邊
框高 18.4 厘米，寬 13.8 厘米；開本高 28.4 厘米，寬 18.3 厘米
汪琬《原序》
宋犖《序》[清康熙三十二年（1693）]
書名頁鎸“汪鈍翁選輯/改亭文集/讀書樂園藏板”
封頁鈐有“盧氏小抱經堂藏書”朱文方印、“書癖禪心”朱文方印
集 4212.1/2615

430
**陳迦陵全集五十四卷**
（清）陳維崧撰
清患立堂刻本
十五册（一函）
十二行二十二字
黑口，雙魚尾，四周單邊
框高 16.9 厘米，寬 13.6 厘米；開本高 22.9 厘米，寬 15 厘米
李應鷹《湖海樓詩叙》[清康熙二十八年（1689）]
徐乾學《湖海樓詩序》[清康熙二十八年（1689）]
陳宗石《湖海樓詩集跋》[清康熙二十七年（1688）]
陳維岳《迦陵文集跋》[清康熙二十六年（1687）]
陳宗石《迦陵文集跋》[清康熙二十六年（1687）]
胡獻徵《迦陵文集序》
李澄中《迦陵文集序》
陳維岳《迦陵文集跋》
陳宗石《迦陵文集跋》
高佑釲《迦陵詞全集序》[清康熙二十九年（1690）]
任璣《迦陵詞全集序》[清康熙二十九年（1690）]
陳維岳《迦陵詞全集跋》[清康熙二十八年（1689）]
陳宗石《迦陵詞全集跋》[清康熙二十八年（1689）]
吴璠《迦陵詞全集跋》
陳宗石《亦山草堂遺稿序》[清康熙二十八年（1689）]
尤侗《亦山草堂序》[清康熙二十九年（1690）]
陳宗石《亦山草堂遺詞序》[清康熙三十年（1691）]
毛際可《迦陵文集序》
毛先舒《迦陵文集序》

版心下鎸"恴立堂"

鈐有"鱗老堂"白文方印、"芙蓉軒藏書印"朱文方印

集 4212.1/7522(4)

431

**陳迦陵全集五十四卷**

(清)陳維崧撰

清恴立堂刻本

十四册(二函)

十二行二十二字

黑口,雙魚尾,四周單邊

框高 17.4 厘米,寬 13.8 厘米;開本高 23.3 厘米,寬 16.2 厘米

李澄中《迦陵文集序》

胡獻徵《迦陵文集序》

任璣《湖海樓詩集序》

徐乾學《湖海樓詩序》[清康熙二十八年(1689)]

李應廌《湖海樓詩叙》[清康熙二十八年(1689)]

高佑釲《迦陵詞全集序》[清康熙二十九年(1690)]

任璣《迦陵詞全集序》[清康熙二十九年(1690)]

毛先舒《迦陵文集序》

毛際可《迦陵文集序》

陳宗石《迦陵文集跋》[清康熙二十六年(1687)]

陳維岳《迦陵文集跋》[清康熙二十六年(1687)]

版心下鎸"恴立堂"

書名頁鎸"長洲宋蓼天　大冶余佺廬兩先生鑒定/陳其年文集/本衙藏板"

鈐有"寶德堂藏書"朱文方印、"江都邱氏紹周藏書"朱文方印、"唐栖朱氏結一廬圖書記"朱文方印

備注:詞集卷十五末鎸有書商號"季萬興號"。

集 4212.1/7522(5)

432

**陳檢討四六二十卷**

(清)陳維崧撰　(清)程師恭注

清乾隆刻本

四册(一函)

九行二十一字,小字雙行同

白口,單魚尾,左右雙邊

框高 15.3 厘米,寬 11.5 厘米;開本高 25.2 厘米,寬 15.6 厘米

張英《序》[清康熙三十二年(1693)](殘缺)

吴苑《序》[清康熙三十三年(1694)]

備注:有圈點、眉批。

集 4212.1/7522

433

**曝書亭集八十卷附録一卷**

(清)朱彝尊撰

**笛漁小稿十卷**

(清)朱昆田撰

清康熙刻本
二十册(四函)
十二行二十三字
白口,單魚尾,左右雙邊
框高 19.3 厘米,寬 13.3 厘米;開本高 26.7 厘米,寬 17.1 厘米
王士禛《序》
魏禧《序》
查慎行《序》
曹爾堪《序》
葉舒崇《序》
柯維楨《序》
潘耒《序》[清康熙四十七年(1708)]
書名頁鎸"曝書亭集"
鈐有"子翔"朱文方印、"貽安書屋藏板"朱文圖記

集 4212.1/2528

434

**尺五堂詩删初刻六卷**

(清)嚴我斯撰
清康熙刻本
八册(一函)
十一行二十字,小字雙行同
黑口,雙魚尾,左右雙邊
框高 17.3 厘米,寬 13.4 厘米;開本高 26.5 厘米,寬 17 厘米
魏裔介《初刻舊序》[清康熙五年(1666)]
嚴我斯《初刻自序》[清康熙十五年(1676)]
備注:有修補。有圈點。

集 4212.1/6624

435

**屈翁山詩集八卷附詞一卷目録一卷**

(清)屈大均撰　(清)徐肇元選
清初刻本
十册(二函)
十行二十一字,小字雙行同
白口,雙魚尾,四周單邊
框高 17.2 厘米,寬 13.2 厘米;開本高 24.3 厘米,寬 15.5 厘米
徐嘉炎《序》
備注:屈大均著述在清代爲禁書,流傳稀少。

集 4212.1/7744

436

**居業齋文稿二十卷别集十卷**

(清)金德嘉撰
清康熙四十三年(1704)刻本
五册(一函)
十行十九字
白口,雙魚尾,四周單邊
框高 17.4 厘米,寬 13.1 厘米;開本高 23.3 厘米,寬 15.2 厘米
張廷樞《序》[清康熙四十三年(1704)]
岳宏譽《序》[清康熙三十五年(1696)]
周起渭《序》[清康熙三十七年(1698)]

集 4212.1/8024

437

**憺園文集三十卷**

(清)徐乾學撰

清康熙三十六年(1697)冠山堂刻本

十册(二函)

十行十九字

白口,單魚尾,左右雙邊

框高 20 厘米,寬 14.5 厘米;開本高 25.4 厘米,寬 16.5 厘米

宋犖《序》[清康熙三十六年(1697)]

版心鎸刻工"士玉""子佩""子珍""齊卿""世明""祥卿""倫采""巨甫""維伯"等

書名頁鎸"憺園文集/冠山堂藏板"

集 4212.1/2847

438

**古夫于亭稿二卷**

(清)王士禛撰

清康熙四十六年(1707)刻本

一册(一函)

十行十九字,小字雙行字數不等

黑口,單魚尾,左右雙邊

框高 16.6 厘米,寬 13.1 厘米;開本高 25.8 厘米,寬 17.1 厘米

王士禛《古夫于亭集序》[清康熙四十五年(1706)]

吴陳琰《序》[清康熙四十六年(1707)]

成文昭《序》

備注:卷二有墨筆眉批。書末鎸"康熙丁亥夏門人侯官林佶輯録/大名成文昭校刊于京師之慈仁寺"。

集 4212.1/1043(2)

439

**漁洋山人精華録十卷**

(清)王士禛撰　(清)林佶編

清康熙三十九年(1700)林佶刻本

四册(一函)

十一行二十一字,小字雙行字數不等

黑口,單魚尾,左右雙邊

框高 18.5 厘米,寬 14.5 厘米;開本高 26 厘米,寬 17.5 厘米

錢謙益《序并贈詩》

林佶《後序》[清康熙三十九年(1700)]

鈐有"愚齋圖書館藏"朱文方印、"國立交通大學圖書館藏"朱文長方印

第一册封頁題"光緒二十一年長洲澹緣和尚題,漁洋山人精華録"字樣

備注:卷一末鎸"康熙三十九年五月十五日門人林佶謹書";每卷末鎸"門人監察御史昆山盛符升國子祭酒江陰曹禾同訂/侯官門人林佶恭謄寫"。天頭地脚及書口皆有磨損,老化、污漬嚴重,書衣黴蝕嚴重。

集 4212.1/1043(3)

440
**漁洋山人精華録十卷**
(清)王士禛撰　(清)林佶編
清康熙三十九年(1700)林佶刻本
四册(一函)
十一行二十一字,小字雙行字數不等
黑口,單魚尾,左右雙邊
框高 18.5 厘米,寬 14.5 厘米;開本高 24.7 厘米,寬 15.9 厘米
錢謙益《序并贈詩》
林佶《後序》[清康熙三十九年(1700)]
書名頁鈐有"曝書東壁散琳琅"朱文圓印
備注:卷一末鎸"康熙三十九年五月十五日門人林佶謹書";每卷末鎸"門人監察御史昆山盛符升國子祭酒江陰曹禾同訂/侯官門人林佶恭謄寫"。
集 4212.1/1043(4)

441
**帶經堂全集七種九十二卷**
(清)王士禛撰　(清)程哲編
清康熙五十年(1711)刻本
四十册(四函)
十行十九字,小字雙行字數不等
白口,單魚尾,左右雙邊
框高 18.5 厘米,寬 14 厘米;開本高 26.3 厘米,寬 16.9 厘米
程哲《序》
程哲《序》[清康熙五十一年(1712)]
錢謙益《原序》
李敬《原序》
汪琬《原序》
方藹《原序》
陳維崧《原序》
林佶《識》[清康熙五十年(1711)]
計東《題後》
施閏章《原序》
徐乾學《原序》
陸嘉淑《原序》
曹禾《原序》[清康熙二十年(1681)]
汪懋麟《原序》
程哲《文集序》
張雲章《文集序》[清康熙三十四年(1695)]
程哲《蠶尾集序》[清康熙五十一年(1712)]
張雲章《原序》
王士禛《自序》
程哲《蠶尾續詩序》
吴陳琰《原序》[清康熙四十三年(1704)]
程哲《蠶尾文集序》
宋犖《原序》[清康熙三十五年(1696)]
程哲《蠶尾續文集序》
版心鎸字數
卷七十三卷端鈐有"漢鹿齋珍藏書籍之印"白文方印
集 4212.1/1043

442

**綿津山人詩集二十七卷楓香詞一卷漫堂說詩一卷**

(清)宋犖撰

清康熙刻本

四册(一函)

十行十九字

白口,雙魚尾,四周單邊

框高 18.5 厘米,寬 13.6 厘米;開本高 26.7 厘米,寬 17.5 厘米

汪琬《序》[清康熙二十七年(1688)]

劉榛《序》[清康熙二十七年(1688)]

王鐸《古竹圃稿序》

侯方域《古竹圃稿序》

張自烈《嘉禾堂稿序》

吴偉業《將母樓稿序》

高珩《雙江倡和集序》

王士禛《雙江倡和集序》

汪琬《雙江倡和集序》

王士禛《回中集序》

宋犖《聯句集小引》

王士禛《西山倡和詩序》

湯斌《西山倡和詩序》

宋犖《嘯雪集小引》

尤侗《廬山詩序》[清康熙三十七年(1698)]

鈐有"曾經御覽"朱文方印

集 4212.1/3099(3)

443

**綿津山人詩集三十四卷**

(清)宋犖撰

**緯蕭草堂詩三卷**

(清)宋至撰

清康熙刻本

十二册(二函)

十行十九字

白口,雙魚尾,四周單邊

框高 18.4 厘米,寬 13.6 厘米;開本高 25.5 厘米,寬 16.1 厘米

汪琬《序》[清康熙二十七年(1688)]

王鐸《古竹圃稿序》

侯方域《古竹圃稿序》

張自烈《嘉禾堂稿序》

吴偉業《將母樓稿序》

高珩《雙江倡和集序》

王士禛《雙江倡和集序》

汪琬《雙江倡和集序》

王士禛《回中集序》

王士禛《西山倡和詩序》

湯斌《西山倡和詩序》

宋犖《聯句集小引》

邵長蘅《廬山詩序》

尤侗《滄浪亭詩序》[清康熙三十七年(1698)]

邵長蘅《紅橋集序》[清康熙四十年(1701)]

馮景《紅橋集序》[清康熙三十五年(1696)]

朱彝尊《序》

備注:紙張老化,書衣脱落。

集 4212.1/3099(4)

444

**綿津山人詩集三十四卷**

(清)宋犖撰

清康熙刻本

四册(一函)

十行十九字

白口,雙魚尾,四周單邊

框高 20 厘米,寬 14.5 厘米;開本高 25.4 厘米,寬 16.5 厘米

陳廷敬《序》[清康熙四十七年(1708)]

汪琬《序》[清康熙二十七年(1688)]

王鐸《古竹圃稿序》

侯方域《古竹圃稿序》

張自烈《嘉禾堂稿序》

吴偉業《將母樓稿序》

高珩《雙江倡和集序》

王士禛《雙江倡和集序》

汪琬《雙江倡和集序》

王士禛《回中集序》

王士禛《西山倡和詩序》

湯斌《西山倡和詩序》

宋犖《聯句集小引》

邵長蘅《廬山詩序》

尤侗《滄浪亭詩序》[清康熙三十七年(1698)]

邵長蘅《紅橋集序》[清康熙四十年(1701)]

馮景《紅橋集序》[清康熙三十五年(1696)]

朱彝尊《序》

鈐有"家承賜書"朱文方印

備注:蟲蝕嚴重,有修補。



445

**西陂類稿五十卷**

(清)宋犖撰

清康熙刻本

十六册(二函)

十行十九字

白口,單魚尾,四周單邊

框高 18.6 厘米,寬 14.3 厘米;開本高 26.9 厘米,寬 18.1 厘米

陳廷敬《序》[清康熙五十年(1711)]

王鐸《古竹圃稿序》

侯方域《古竹圃稿序》

張自烈《嘉禾堂稿序》

吴偉業《將母樓稿序》

高珩《雙江倡和集序》

王士禛《雙江倡和集序》

汪琬《雙江倡和集序》

王士禛《回中集序》

王士禛《西山倡和詩序》

湯斌《西山倡和詩序》

汪琬《綿津山人集序》

宋犖《嘯雪集小引》

邵長蘅《廬山詩序》

尤侗《滄浪亭詩序》

邵長蘅《紅橋集序》

朱彝尊《迎鑾集序》

陳廷敬《藤陰酬倡集序》

朱彝尊《楓香詞序》

周龍藻《西陂文稿序》
陳維崧《筠廊偶筆序》
宋犺《筠廊偶筆序》
陳廷敬《筠廊二筆序》
首序頁鈐有“山水方滋”朱文方印、“牧仲”朱文方印、“犖”朱文圓印、“天官冢宰”朱文方印
集 4212.1/3099(2)

446
**善卷堂四六十卷**
(清)陸繁弨撰
清乾隆三十五年(1770)亦園刻本
四册(一函)
九行二十一字,小字雙行同
白口,單魚尾,左右雙邊
框高 15.4 厘米,寬 11.7 厘米;開本高 24.6 厘米,寬 15.4 厘米
張廷玉《序》[清乾隆九年(1744)]
徐炯《原序》
章藻功《原跋》
陳廷會《原序》
書名頁鎸“乾隆庚寅年新鎸/善卷堂四六/亦園藏板”
鈐有“公植珍藏”朱文方印
集 4212.2/7481

447
**經義齋集十八卷**
(清)熊賜履撰
清康熙二十九年(1690)刻本
八册(一函)
九行二十字
白口,單魚尾,左右雙邊
框高 19.9 厘米,寬 14 厘米;開本高 25.2 厘米,寬 15.6 厘米
高莔生《跋》[清康熙二十九年(1690)]
洪嘉植《讀經義齋集書後》
錢肅潤《序》[清康熙二十九年(1690)]
劉然《序》[清康熙二十九年(1690)]
備注:劉然《序》與錢肅潤《序》裝訂錯頁。
集 4212.1/0450

448
**邵子湘文集二十四卷**
(清)邵長蘅撰
清康熙邵氏家刻本
六册(一函)
十行二十一字
黑口,單魚尾,左右雙邊
框高 19.5 厘米,寬 14.1 厘米;開本高 26.8 厘米,寬 17.6 厘米
宋犖《序》
王元烜《序》[清康熙三十二年(1693)]
顧景星《篋稿詩序》[清康熙十八年(1679)]
陸嘉淑《篋稿文序》
邵長蘅《青門篋稿自序》[清康熙三十二年(1693)]

邵長蘅《青門旅稿自序》

李天馥《青門旅稿詩序》［清康熙十八年(1679)］

書名頁鎸"青門草堂藏板/邵子湘文集　簏稿詩文十六卷　旅稿詩文六卷"

鈐有"淩淦字麗生一字礪生"朱文方印

集 4212. 1/1714

449

**寒邨詩文集三十六卷**

(清)鄭梁撰

清康熙二老閣刻本

十册(二函)

九行二十字

黑口,雙魚尾,左右雙邊

框高 19. 6 厘米,寬 14. 3 厘米;開本高 23. 7 厘米,寬 15. 5 厘米

黄宗羲《寒村詩選序》

黄宗羲《寒村文選序》

萬言《寒村文選序》［清康熙二十四年(1685)］

書名頁鎸"寒邨詩文集/二老閣藏板"

集 4212. 1/8737

450

**有懷堂詩稿六卷**

(清)韓菼撰

清康熙四十二年(1703)刻本

一册(一函)

十一行二十一字,小字雙行同

白口,單魚尾,四周單邊

框高 19. 5 厘米,寬 13. 7 厘米;開本高 24 厘米,寬 16. 3 厘米

韓菼《序》［清康熙四十二年(1703)］

鈐有"金氏養真室藏書記"朱文長方印

集 4212. 1/4444

451

**午亭文編五十卷**

(清)陳廷敬撰　(清)林佶輯録

清乾隆四十三年(1778)林佶刻本

十六册(二函)

十一行二十一字

白口,單魚尾,左右雙邊

框高 19. 2 厘米,寬 15. 2 厘米;開本高 24. 4 厘米,寬 17. 5 厘米

陳廷敬《序》

陳壯履《題識》

林佶《後序》［清康熙四十七年(1708)］

徐昆《跋》［清乾隆四十三年(1778)］

集 4212. 1/7514

452

**文貞公集十二卷**

(清)張玉書撰

清乾隆五十七年(1792)松蔭堂刻本

六册(一函)

十一行二十一字,小字雙行同

白口,單魚尾,左右雙邊
框高 17.7 厘米,寬 15 厘米;開本高 26.8 厘米,寬 16.8 厘米
儲大文《叙》
曹文埴《序》[清乾隆五十五年(1790)]
馮應榴《序》[清乾隆五十五年(1790)]
版心下鐫"松蔭堂"
鈐有"真州吴氏珍藏"朱文方印
集 4212.1/1115

453
**樓邨詩集二十五卷**
(清)王式丹撰
清雍正四年(1726)刻本
八册(二函)
十一行二十一字,小字雙行同
白口,單魚尾,左右雙邊
框高 17.6 厘米,寬 13.3 厘米;開本高 28 厘米,寬 17.1 厘米
田雯《序》
陳鵬年《序》[清康熙六十一年(1722)]
查慎行《序》[清雍正四年(1726)]
吴瞻淇《序》[清雍正三年(1725)]
吴斯洺《跋》
洪公寰《跋》[清雍正四年(1726)]
集 4212.1/1047

454
**夢月巖詩集二十卷詩餘一卷**
(清)吕履恒撰
清雍正刻本
十册(二函)
十行十九字
白口,單魚尾,左右雙邊
框高 17.9 厘米,寬 13.7 厘米;開本高 26.6 厘米,寬 16.9 厘米
周稚廉《序》[清康熙二十八年(1689)]
沈德潛《序》
張漢《序》[清雍正三年(1725)]
備注:序後有王士禎、陳廷敬、許旭等人評語。
集 4212.1/6079

455
**敬業堂詩集五十卷**
(清)查慎行撰
清康熙刻本
十册(二函)
十一行二十一字,小字雙行同
白口,單魚尾,左右雙邊
框高 17.4 厘米,寬 13.2 厘米;開本高 25.3 厘米,寬 16.2 厘米
王士禎《序》
楊雍建《序》
黄宗炎《序》
陸嘉淑《序》
鄭梁《序》
集 4212.1/4092

456

**敬業堂詩集五十卷**

(清)查慎行撰

清康熙刻本

十六册(二函)

十一行二十一字,小字雙行同

白口,單魚尾,左右雙邊

框高 17.2 厘米,寬 13.1 厘米;開本高 25.4 厘米,寬 15.9 厘米

王士禛《序》

楊雍建《序》

黄宗炎《序》

陸嘉淑《序》

鄭梁《序》

備注:書名頁鎸"敬業堂集"。

集 4212.1/4092(1)

457

**賜硯齋詩存四卷首一卷**

(清)沈涵撰

清乾隆二十二年(1757)刻本

四册(一函)

十行十九字

黑口,單魚尾,左右雙邊

框高 18.1 厘米,寬 13.3 厘米;開本高 25.8 厘米,寬 16.4 厘米

孫嘉淦《序》[清乾隆十年(1745)]

柯煜《序》[清雍正十一年(1733)]

沈涵《自序》[清康熙五十四年(1715)]

集 4212.2/3417

458

**學耨堂詩稿九卷**

(清)王崇炳撰

清雍正刻本

四册(一函)

十行二十字,小字雙行同

黑口,單魚尾,四周單邊

框高 17.6 厘米,寬 13.3 厘米;開本高 23.2 厘米,寬 16 厘米

王崇炳《自序》

鈐有"士希長壽"朱文方印、"盧經賢印"白文方印

集 4212.2/1029

459

**潛虛先生文集十四卷年譜一卷**

(清)戴名世撰

清抄本

六册(一函)

存八卷(一至四、八至十一)

十行二十四字

無框格;開本高 27.2 厘米,寬 15.6 厘米

朱字緑《尤刻原序》

方苞《尤刻原序》[清康熙四十一年(1702)]

尤雲鶚《尤刻原序》[清康熙四十年(1701)]

備注:有朱筆批注、圈點。

集 4212.1/4324

460

**御製詩集十卷二集十卷**

(清)聖祖玄燁撰　(清)高士奇編次

清康熙四十二年(1703)宋犖刻本

四册(一函)

六行十六字

白口,單魚尾,四周雙邊

框高 18.9 厘米,寬 13.4 厘米;開本高 27 厘米,寬 17.8 厘米

高士奇《跋》[清康熙四十二年(1703)]

宋犖《跋》

集 4212.1/0064

461

**御製文第二集五十卷總目六卷**

(清)聖祖玄燁撰　(清)張玉書等編

清康熙内府刻本

八册(二函)

六行十六字

白口,單魚尾,四周雙邊

框高 18.4 厘米,寬 13.4 厘米;開本高 28 厘米,寬 17.5 厘米

備注:蟲蛀嚴重,天頭地脚老化嚴重。

集 4212.1/0064(1)

462

**御製文第三集五十卷總目六卷**

(清)聖祖玄燁撰　(清)張玉書等編

清康熙内府刻本

八册(二函)

六行十六字

白口,單魚尾,四周雙邊

框高 18.4 厘米,寬 13.4 厘米;開本高 28 厘米,寬 17.5 厘米

備注:蟲蛀嚴重,天頭地脚老化嚴重。

集 4212.1/0064(2)

463

**思綺堂文集十卷**

(清)章藻功撰

清康熙刻本

十册(二函)

十行二十二字,小字雙行同

白口,單魚尾,四周單邊

框高 19.9 厘米,寬 14.6 厘米;開本高 25.4 厘米,寬 15.5 厘米

許汝霖《序》

傅作楫《序》

章藻功《自識》[清康熙六十一年(1722)]

鈐有"胥山柴世堂涉獵一過"朱文方印

集 4212.1/0041

464

**飴山詩集二十卷**

(清)趙執信撰

清乾隆十七年(1752)因園刻本

四册(一函)

十行二十一字

白口,單魚尾,四周單邊

框高 17.6 厘米，寬 12.9 厘米；開本高 23.6 厘米，寬 15.4 厘米

盧見曾《序》[清乾隆十九年(1754)]

書名頁鐫"乾隆壬申新鐫/飴山詩集/因園藏板"

鈐有"錫之珍藏圖書"朱文方印、"孫伯繩讀書記"朱文方印、"錫之曾記"白文方印

集 4212.2/4942

465

**滄州先生詩鈔十卷補遺一卷**

(清)陳鵬年撰

清雍正刻本

四册(一函)

九行十九字，小字雙行同

白口，單魚尾，左右雙邊

框高 16.6 厘米，寬 12.4 厘米；開本高 25 厘米，寬 16.8 厘米

沈德潛《序》

王孝咏《跋》[清雍正四年(1726)]

曹一士《序》[清康熙六十一年(1722)]

周遠《跋》[清康熙六十一年(1722)]

鈐有"拙翁所藏"朱文方印、"公弼"朱文方印、"嶺南李氏藏書"朱文方印

備注：詩鈔卷末鐫"旌邑李予懷鐫"。卷十第三十九頁裝訂倒頁。

集 4212.1/7578

466

**滄州近詩十卷目録一卷**

(清)陳鵬年著

清乾隆刻本

六册(一函)

九行十九字

白口，單魚尾，左右雙邊

框高 16.7 厘米，寬 12.5 厘米；開本高 24.8 厘米，寬 15 厘米

曹一士《序》[清康熙六十一年(1722)]

王孝咏《跋》[清雍正四年(1726)]

周遠《跋》[清康熙六十一年(1722)]

書名頁鐫"乾隆壬午年鐫/道榮堂近詩"

集 4212.1/7578.2

467

**存硯樓文集十六卷**

(清)儲大文撰

清乾隆刻本

八册(一函)

九行二十字

白口，單魚尾，左右雙邊，偶有左雙邊、上下右單邊

框高 19.5 厘米，寬 13.6 厘米；開本高 26.2 厘米，寬 16.6 厘米

張漢肅《序》[清乾隆九年(1744)]

集 4212.2/2440

468

**槐江詩鈔四卷**

(清)程瑞祊撰

清乾隆二年(1737)刻本

四册(一函)

九行二十字

白口,單魚尾,四周雙邊

框高 18.5 厘米,寬 13.5 厘米;開本高 23.3 厘米,寬 16 厘米

程瑞祊《序》[清康熙五十二年(1713)]

鈐有"小延年室"朱文長方印

備注:版本據《販書偶記》著録。

集 4212.1/2167

469

**詠花軒詩集六卷**

(清)張廷璐撰

清乾隆刻本

二册(一函)

十行十九字

白口,單魚尾,左右雙邊

框高 18 厘米,寬 13.7 厘米;開本高 27.2 厘米,寬 17.1 厘米

張廷璐《自序》[清乾隆元年(1736)]

沈德潛《序》

集 4212.2/1111

470

**香樹齋文集二十八卷**

(清)錢陳群撰

清乾隆刻本

六册(一函)

十行十九字

白口,單魚尾,左右雙邊

框高 17.6 厘米,寬 13.1 厘米;開本高 25 厘米,寬 16.1 厘米

沈德潛《序》[清乾隆二十九年(1764)]

集 4212.2/8371

471

**長吟閣詩集十卷**

(清)黄子雲撰

清乾隆刻本

十册(二函)

九行十九字,小字雙行同

白口,單魚尾,左右雙邊

框高 18.2 厘米,寬 13.9 厘米;開本高 25.3 厘米,寬 17.4 厘米

巨川江《序》[清乾隆十八年(1753)]

蕭翀《序》

徐葆光《徵刻啓》[清雍正十三年(1735)]

鈐有"盱眙吴氏藏書"朱文方印

集 4212.2/4411

472

**蔗塘未定稿七卷外集四卷**

(清)查爲仁撰

清乾隆刻本

四册(一函)

十行二十一字

白口,單魚尾,四周單邊

框高 18.2 厘米,寬 12.6 厘米;開本高 27.8 厘米,寬 16.7 厘米

厲鶚《序》[清乾隆八年(1743)]

書名頁鐫"蔗塘未定稿"

鈐有"筠圃"朱文方印、"舒文私印"朱文方印

集 4212.2/4032

473

**東潛文稿二卷**

(清)趙一清撰

清乾隆五十九年(1794)小山堂刻本

二册(一函)

十行二十二字,小字雙行同

白口,單魚尾,左右雙邊

框高 19.8 厘米,寬 14.7 厘米;開本高 25.5 厘米,寬 16.1 厘米

杭世駿《序》

謝啓昆《序》(序後有謝啓昆"敬題東潛先生文集後二首")

書名頁鐫"乾隆甲寅年鐫/東潛文稿/小山堂藏板"

鈐有"茆亭"朱文方印

集 4212.2/4913

474

**銅鼓書堂遺稿三十二卷**

(清)查禮撰

清乾隆刻本

四册(一函)

十二行二十二字

白口,單魚尾,左右雙邊

框高 19.4 厘米,寬 14.3 厘米;開本高 28.5 厘米,寬 18 厘米

杭世駿《序》[清乾隆三十五年(1770)]

顧光旭《序》[清乾隆五十七年(1792)]

查淳《後序》[清乾隆五十三年(1788)]

集 4212.2/4035

475

**介軒詩草二卷**

(清)桂敬順撰

清稿本

二册(一函)

八行十六字

四周單邊

框高 18.5 厘米,寬 13 厘米;開本高 25 厘米,寬 16.1 厘米

版心上題"介軒詩草"

備注:有圈點、眉批。

集 4212.2/4442

476

**戴東原集十二卷**

(清)戴震撰

清乾隆刻本(卷十二配抄補)

四册(一函)

十行二十一字,小字雙行同

白口,單魚尾,左右雙邊

框高 18 厘米,寬 13.3 厘米;開本

高 25.9 厘米,寬 17.1 厘米
段玉裁《序》[清乾隆五十七年(1792)]
鈐有"寶應朱氏游道堂藏"白文方印
集 4212.2/4310

477
**戴東原集十二卷補遺一卷**
(清)戴震撰
清乾隆刻本
四册(一函)
十行二十一字,小字雙行同
白口,單魚尾,左右雙邊
框高 18 厘米,寬 13.6 厘米;開本高 25.9 厘米,寬 16.4 厘米
段玉裁《序》[清乾隆五十七年(1792)]
鈐有"養餘山館"白文方印、"黄承煊"白文方印、"儀徵阮氏小琅嬛仙館藏書印"朱文方印
集 4212.2/4310(1)

478
**西澗草堂集四卷**
(清)閻循觀撰
清乾隆三十八年(1773)刻本
一册(一函)
十行二十二字
白口,單魚尾,左右雙邊
框高 20 厘米,寬 15 厘米;開本高 24.1 厘米,寬 16.8 厘米
汪縉《序》[清乾隆三十七年(1772)]
韓夢周《序》[清乾隆三十七年(1772)]
任瑗《序》
閻循霦《序》
書名頁鎸"乾隆癸巳年鎸/西澗草堂文集/樹滋堂藏板"
鈐有"家在姚江舊草橋"朱文方印、"漢陽葉名澧潤臣甫印"白文方印
集 4212.2/7724

479
**忠雅堂詩集二十七卷補遺二卷詞二卷**
(清)蔣士銓撰
清藏園刻本
八册(一函)
十二行二十四字
黑口,雙魚尾,左右雙邊
框高 21.6 厘米,寬 15.4 厘米;開本高 25.9 厘米,寬 17.8 厘米
金德瑛《序》[清乾隆二十七年(1762)]
袁枚《序》
書名頁鎸"忠雅堂詩集/藏園藏板"
備注:附録袁簡齋太史詩,清光緒十一年(1885)七月二十六日紹基抄録于書首。
集 4212.2/4448

480
**少嵒詩稿□□卷**
(清)夏思恬撰
稿本
一册(無函套)
存九卷(九至十七)
九行二十一至二十四字不等
無框格;開本高25.7厘米,寬15.6厘米
備注:有朱筆圈點及批注。是書記有太平軍在安徽活動之詩作。
集4212.3/1069

481
**秋風紅豆樓詩鈔不分卷**
(清)張鳴珂撰
清咸豐元年(1851)張鳴珂稿本
一册(一函)
九行十一字
白口,單魚尾,四周雙邊
框高15.7厘米,寬10.5厘米;開本高25厘米,寬15厘米
褚榮槐《序》[清咸豐元年(1851)]
張光裕《序》[清咸豐二年(1852)]
封頁題"秋風紅豆樓詩鈔/壬子中秋二稿題";書名頁題"咸豐紀元夏六月/秋風紅豆樓詩鈔"
備注:張鳴珂爲晚清詩詞名家,此稿本未有刻本行世。
集4212.3/1161

# 總集類

482
**文選三十卷**
(南朝梁)蕭統撰　(唐)李善注
清乾隆二十四年(1759)刻本
十二册(二函)
十二行二十五字,小字雙行三十七字
白口,單魚尾,左右雙邊
框高21.5厘米,寬15.2厘米;開本高26.4厘米,寬16.6厘米
蕭統《序》
書名頁鎸"乾隆廿四年重鎸/汲古閣校訂/梁昭明文選六臣全注/懷德堂藏板"
集431/4420.17

483
**文選補遺四十卷**
(宋)陳仁子輯
清乾隆二年(1737)陳文煜刻本
十四册(二函)
十行十八字,小字雙行二十三字
白口,單魚尾,左右雙邊
框高21.1厘米,寬14.3厘米;開本高25.9厘米,寬16.3厘米
趙文《序》
陳慶邦《重刻古迂公文選補遺跋》
譚紹烈《識》

陳文煜《跋》

備注:趙序後鎸“吴下章聰等刻/永新甯純一等重刻”。

集 431/4420(2)

484

**文選纂註評林十二卷**

(南朝梁)蕭統選 (明)張鳳翼纂注

明萬曆刻本

十二册(二函)

十一行二十二字,小字雙行同

白口,單魚尾,四周單邊

框高 23.1 厘米,寬 15.5 厘米;開本高 28.4 厘米,寬 18.1 厘米

蕭統《文選序》

張鳳翼《文選纂注序》[明萬曆八年(1580)]

備注:上下兩欄,上欄鎸評注。蟲蛀嚴重。

集 431/4420

485

**文選纂註評林十二卷**

(南朝梁)蕭統選 (明)張鳳翼纂注

明萬曆刻本

十二册(二函)

十一行二十二字,小字雙行同

白口,單魚尾,四周單邊

框高 23.8 厘米,寬 15.5 厘米;開本高 28.4 厘米,寬 18.1 厘米

蕭統《文選序》

張鳳翼《文選纂注序》[明萬曆八年(1580)]

備注:首卷卷端鎸“清錢湘靈 何屺瞻兩先生批本”。有朱筆圈點批注。上下兩欄,上欄鎸注。

集 431/4420.2

486

**文選後集五卷**

(南朝梁)蕭統選 (明)郭正域評

明閔氏刻朱墨套印本

五册(一函)

八行十九字,小字雙行同

白口,無魚尾,四周單邊

框高 20.6 厘米,寬 14.4 厘米;開本高 26 厘米,寬 17.5 厘米

郭正域《序》

沈緒《小引》

松筠館主人《跋》

卷一末鈐“浙東朱遂翔五十以後所見善本”朱文方印,首卷卷端鈐“徐恕讀過”朱文長方印

備注:有朱筆圈點。天頭有批注。

集 431/4420(4)

487

**文選刪十二卷**

(南朝梁)蕭統編 (明)張溥刪

明刻本

四册(一函)

九行十九字,小字雙行同

白口,單魚尾,左右雙邊

框高 20.2 厘米,寬 14.4 厘米;開

本高 26.1 厘米,寬 16.2 厘米
鈐有“元和鄒氏書庫中物”朱文方印
備注:有朱筆圈點。天頭鐫注。
集 431/4420(5)

488
**鍥九我李先生編輯梁昭明太子文選品彙十八卷**
(明)李廷機編
明萬曆刻本
十二册(三函)
九行十八字,小字雙行同
白口,單魚尾,四周單邊
框高 20.5 厘米,寬 14.4 厘米;開本高 27.3 厘米,寬 17.2 厘米
朱賡《文選品彙題辭》[明萬曆三十二年(1604)]
版心鐫字數
版心鐫刻工“章二”“江八”等
集 431/4420(1)

489
**文選音義八卷**
(清)余蕭客選注
清乾隆刻本
四册(一函)
八行十九字,小字雙行同
白口,無魚尾,四周雙邊
框高 17.4 厘米,寬 12 厘米;開本高 25.1 厘米,寬 15.8 厘米
沈德潛《序》[清乾隆二十三年(1758)]
余蕭客《序》[清乾隆二十三年(1758)]
集 431/4420(3)

490
**玉臺新詠十卷**
(南朝陳)徐陵撰
明崇禎六年(1633)寒山趙氏小宛堂刻本
二册(一函)
十五行三十字
黑口,無魚尾,左右雙邊
框高 20.7 厘米,寬 14.3 厘米;開本高 30.2 厘米,寬 18.2 厘米
徐陵《玉臺新咏集并序》
陳玉文《後叙》
趙均《序》[明崇禎六年(1633)]
備注:金鑲玉裝。
集 4321/2814

491
**文苑英華一千卷**
(宋)李昉等纂
明隆慶元年(1567)胡維新、戚繼光刻本
一百二十册(二十函)
十一行二十二字,小字雙行同
白口,無魚尾,四周單邊
框高 20.4 厘米,寬 15.7 厘米;開本高 27.9 厘米,寬 17.4 厘米
涂澤民《刻文苑英華序》[明隆慶

元年(1567)]

胡維新《刻文苑英華序》[明隆慶元年(1567)]

版心鐫刻工"劉亨""劉和""周在""余傑""蔡特""王定"等

鈐有"萬卷樓印"白文方印、"大寧堂圖書印"朱文長方印

集 432/4060

492

**集録真西山文章正宗二十四卷**

(宋)真德秀輯

明刻本(目録配抄補)

十五册(三函)

存二十三卷(一至十二、十四至二十四)

九行十八字,小字雙行同

白口,單魚尾,左右雙邊

框高 21.2 厘米,寬 15.4 厘米;開本高 26.7 厘米,寬 17.8 厘米

版心上鐫字數

版心鐫刻工"袁電""唐思""李潮""李福""章儒""章守中""楊仁"等

備注:有朱筆圈點。字迹漫漶。

集 4321/4022

493

**古文苑二十一卷**

(宋)章樵撰

明張象賢刻本

十二册(二函)

八行十八字,小字雙行同

白口,單魚尾,左右雙邊

框高 20.1 厘米,寬 13.4 厘米;開本高 27.6 厘米,寬 17.1 厘米

章樵《序》[宋紹定五年(1232)]

韓元吉《序》[宋淳熙六年(1179)]

張琳《叙》[明成化十八年(1482)]

張士驥《序》[明萬曆二十一年(1593)]

鈐有"江陰繆荃孫藏書印"朱文長方印、"藝風堂藏書"朱文方印、"繆荃孫藏"朱文方印

集 4322/0000

494

**古文選粹十一卷**

(□)□□編

明刻本

六册(一函)

七行二十字,小字單行字數不等

白口,單魚尾,四周雙邊

框高 21.7 厘米,寬 14.5 厘米;開本高 27.1 厘米,寬 16.1 厘米

李從心《古文粹前序》

鈐有"唐氏家藏書印"朱文方印

備注:有朱筆圈點批注。天頭鐫評注。

集 4322/0000(1)

495

**秦漢人文選玉六卷**

(明)王衡選

明刻本(目録配抄補)

六册(一函)

十行二十字,小字雙行同

白口,單魚尾,四周雙邊

框高 21.1 厘米,寬 14.2 厘米;開本高 27.6 厘米,寬 16.9 厘米

鈐有“怡錦印”朱文方印

備注:天頭鎸批注。

集 4322/1021

496

**諸儒箋解古文真寶十卷**

(□)□□撰

明弘治刻本

四册(一函)

十行二十字,小字雙行同

黑口,雙魚尾,四周雙邊

框高 23.8 厘米,寬 16.2 厘米;開本高 30.8 厘米,寬 18.2 厘米

鈐有“汪士鐘藏”白文長方印

集 4321/0000

497

**文體明辯六十一卷綱領一卷目録六卷附録十四卷目録二卷**

(明)徐師曾纂

明萬曆八年(1580)吴江董邦寧壽檜堂刻本(第三十册配抄補一頁)

八十册(十函)

十行十九字,小字雙行同

白口,單魚尾,左右雙邊

框高 19.7 厘米,寬 13.9 厘米;開本高 27.2 厘米,寬 16.5 厘米

顧爾行《刻文體明辨序》[明萬曆十九年(1591)]

趙夢麟《序》[明萬曆十九年(1591)]

徐師曾《自序》[明萬曆元年(1573)]

首有牌記“大明萬曆八年庚辰中秋望日吴江董邦寧書于壽檜堂刊”

鈐有“城書閣秘笈章”白文方印、“陳氏寒屋藏書”朱文方印

備注:有朱筆圈點。

集 4322/2828

498

**文體明辯四十八卷**

(明)徐師曾纂　(明)沈芬　(明)沈騏箋

明崇禎十三年(1640)刻本

十四册(二函)

九行二十五字,小字雙行同

白口,無魚尾,四周單邊

框高 20.1 厘米,寬 12.3 厘米;開本高 25.3 厘米,寬 14.2 厘米

項煜《序》

徐汧《序》[明崇禎十三年(1640)]

文德翼《序》

沈芬《重訂文體明辯序》[明崇禎十三年(1640)]

沈騏《序》[明崇禎十三年(1640)]

徐師曾《原序》[明萬曆元年(1573)]

備注:天頭鎸注。

集 4322/2828.2

499

**秦漢文鈔十二卷**

(明)馮有翼輯 (明)汪德元重訂

明萬曆刻本

四册(一函)

九行十七字,小字雙行同

白口,單魚尾,四周單邊

框高 21 厘米,寬 13.8 厘米;開本高 27.3 厘米,寬 17.3 厘米

汪道昆《序》[明萬曆十一年(1583)]

備注:上下兩欄,上欄鎸注。卷十二殘缺。

集 4322/3141

500

**名世文宗二十八卷談藪一卷**

(明)胡時化選輯 (明)陳仁錫訂正

明崇禎元年(1628)刻本

十六册(四函)

九行十八字,小字雙行同

白口,單魚尾,四周單邊

框高 23.2 厘米,寬 13.7 厘米;開本高 27.2 厘米,寬 16.6 厘米

陳仁錫《序》[明崇禎元年(1628)]

王錫爵《序》

郭子章《序》

胡時化《序》

備注:談藪一卷殘缺。

集 4322/4762

501

**增定漢魏六朝別解六十二卷**

(明)葉紹泰纂

明采隱山居刻本

十册(一函)

九行二十六字

白口,無魚尾,四周單邊

框高 21.8 厘米,寬 12.4 厘米;開本高 25 厘米,寬 13.6 厘米

葉紹袁《序》

版心下鎸"采隱山居"

鈐有"愚齋圖書館藏"朱文方印、"國立交通大學圖書館藏"朱文長方印

集 4323/4425

502

**唐宋八大家文鈔一百四十四卷**

(明)茅坤評選

明刻本

三十册(六函)

九行十九字

白口,單魚尾,左右雙邊

框高 20.5 厘米,寬 14 厘米;開本高 28.2 厘米,寬 17.5 厘米

茅坤《總序》[明萬曆四十三年(1615)](殘缺)

版心鎸刻工"付機""張""趙""葉"等

集 4322/4445

503

**唐宋八大家類選十四卷**

(清)儲欣評選

清雍正刻本

八册(一函)

八行二十五字

白口,無魚尾,左右雙邊

框高 19.2 厘米,寬 11 厘米;開本高 23.4 厘米,寬 12.9 厘米

徐永勛《序》[清雍正元年(1723)]

吴振乾《序》[清雍正元年(1723)]

書名頁鎸"雍正癸卯新鎸/宜興儲同人先生評　翻刻必究/唐宋八大家類選/受祉堂藏板"

鈐有"盱眙王氏十四間書樓藏書印"白文方印

集 4322/2477

504

**唐宋八大家文分體讀本第一集八卷**

(清)汪份選定

清康熙五十九年(1720)遄喜齋刻本

七册(無函套)

存六卷(一至三、六至八)

八行二十四字,小字雙行同

白口,單魚尾,左右雙邊

框高 20 厘米,寬 11.5 厘米;開本高 25.5 厘米,寬 15.5 厘米

汪份《序》[清康熙五十八年(1719)]

汪份《後序》

版心中鎸"八家文讀本",版心下鎸"遄喜齋"

書名頁鎸"康熙五十九年刻/八大家合編/遄喜齋藏板",又"康熙五十八年新鎸/翰林院編修汪份武曹定/唐宋八大家分體讀本第一集"

鈐有"仲笏"朱文方印、"雨亭"朱文方印

備注:有墨筆圈點。

集 4322/3128

505

**蘭雪齋增訂文致八卷**

(明)劉士鏻評次

明崇禎刻本

八册(二函)

九行二十字

白口,無魚尾,四周單邊

框高 20.6 厘米,寬 13.9 厘米;開本高 26.7 厘米,寬 16.6 厘米

劉士鏻《文致原序》

劉士鏻《增訂文致叙》[明崇禎元年(1628)]

洪吉臣《跋》

鈐有"豐蔫堂書庫寶藏印"朱文方印

集 4321/7248

506

**古文淵鑒六十四卷**

(清)徐乾學編

清康熙二十四年(1685)刻五色套印本

二十四册(四函)

九行二十字,小字雙行同
黑口,雙魚尾,四周單邊
框高 19 厘米,寬 14 厘米;開本高 27.8 厘米,寬 16.8 厘米
清聖祖玄燁《御製古文淵鑒序》[清康熙二十四年(1685)]
鈐有"稽古右文之章"白文方印、"體元主人"朱文圓印

集 4322/2847(1)

507

**古文淵鑒六十四卷**

(清)徐乾學編
清康熙二十四年(1685)刻四色套印本
二十四册(四函)
九行二十字,小字雙行同
黑口,雙魚尾,四周單邊
框高 19 厘米,寬 14 厘米;開本高 27.5 厘米,寬 16.8 厘米
清聖祖玄燁《御製古文淵鑒序》[清康熙二十四年(1685)]
鈐有"稽古右文之章"白文方印、"體元主人"朱文圓印

集 4322/2847

508

**古文眉詮七十九卷首一卷**

(清)浦起龍論次 (清)程鍾 (清)方懋福彙輯
清乾隆三吴書院刻本
十六册(四函)
九行二十二字,小字雙行字數不等
白口,無魚尾,左右雙邊
框高 17.6 厘米,寬 13.7 厘米;開本高 27.7 厘米,寬 17.6 厘米
浦起龍《序》[清乾隆九年(1744)]
版心下鎸"三吴書院"
鈐有"映紅樓珍藏"朱文方印、"王定祥印"白文方印、"紗灣山人"朱文方印
備注:上下兩欄,上欄鎸評注。

集 4322/3340

509

**晚邨先生八家古文精選不分卷**

(清)吕留良選 (清)吕葆中批點
清康熙四十三年(1704)吕氏家塾刻本
六册(一函)
十行二十五字,小字單行字數不等
黑口,雙魚尾,左右雙邊
框高 19.8 厘米,寬 14.4 厘米;開本高 24.8 厘米,寬 16 厘米
吕葆中《序》[清康熙四十三年(1704)]
版心下鎸"吕氏家塾讀本"
書名頁鎸"晚邨先生八家古文精選"
備注:有朱、墨筆圈點。

集 4322/6073

510

**晚邨先生八家古文精選不分卷**

(清)吕留良選　(清)吕葆中批點
清康熙四十三年(1704)吕氏家塾刻本
四册(一函)
十行二十五字,小字單行字數不等
黑口,雙魚尾,左右雙邊
框高 19.5 厘米,寬 14.4 厘米;開本高 26.5 厘米,寬 17.5 厘米
吕葆中《序》[清康熙四十三年(1704)]
版心下鎸"吕氏家塾讀本"
備注:有朱、墨、黄三色筆圈點。
集 4322/6073(1)

511
**古詩鏡三十六卷唐詩鏡五十四卷**
(明)陸時雍選評
明刻本
四十八册(八函)
九行十八字,小字雙行同
白口,單魚尾,左右雙邊
框高 19.8 厘米,寬 14.8 厘米;開本高 23.7 厘米,寬 15.9 厘米
鍾惺《詩鏡叙》
書名頁鎸"鍾伯敬先生彙選/古唐詩鏡/名山聚藏板"
鈐有"名山聚圖書"白文方印、"奇文共欣賞"朱文圓印
集 4321/1360

512
**古詩歸十五卷唐詩歸三十六卷**
(明)鍾惺　(明)譚元春選
明萬曆刻本
十六册(二函)
十行十九字,小字雙行同
白口,單魚尾,左右雙邊
框高 20.8 厘米,寬 14.7 厘米;開本高 25.9 厘米,寬 17 厘米
鍾惺《詩歸序》[明萬曆四十五年(1617)]
譚元春《詩歸序》
版心下間鎸字數
鈐有"趙氏樂天樓珍藏"朱文方印、"趙恩館"白文橢圓印
集 4321/8296

513
**詩詞雜俎十一種二十一卷**
(明)毛晋輯
明末汲古閣刻本
十二册(二函)
八行十九字
白口,無魚尾,左右雙邊
框高 19.1 厘米,寬 13.7 厘米;開本高 25 厘米,寬 16.3 厘米
毛晋《序》[明天啓五年(1625)]
版心下鎸"汲古閣"
書名頁鎸"汲古閣原本/詩詞雜俎/古松堂藏板"
集 431/2010

514
**詩紀一百十三卷目録二十五卷**

(明)馮惟訥彙編　(明)方天眷等重訂
明文樞堂刻本
二十四册(四函)
九行十九字,小字雙行同
白口,單魚尾,四周雙邊
框高 20.2 厘米,寬 13.8 厘米;開本高 25.3 厘米,寬 16.2 厘米
張四維《序》[明嘉靖三十七年(1558)]
書名頁鎸"王鳳洲馮北海兩先生彙訂/古詩紀/文樞堂藏板"
集 432/3190

515
**才調集十卷**
(五代)韋縠輯
清康熙四十三年(1704)新安汪氏垂雲堂刻本(卷八配清王定祥抄補)
四册(一函)
八行十九字,小字雙行二十二字
白口,單魚尾,左右雙邊
框高 18 厘米,寬 13 厘米;開本高 24.5 厘米,寬 15.5 厘米
韋縠《自叙》(配抄補)
汪文珍《後》[清康熙四十三年(1704)]
版心下鎸"垂雲堂"
鈐有"映紅樓珍藏書畫印"白文方印、"縵雲書畫"白文方印、"映紅樓珍藏"朱文方印、"王定祥印"白文方印
備注:有清王定祥白、橙二色筆批注。卷八無框格,爲王定祥抄補于清光緒十二年(1886)。有朱筆圈點。
集 4324/4047

516
**才調集十卷**
(五代)韋縠輯
清康熙四十三年(1704)新安汪氏垂雲堂刻本
二册(一函)
八行十九字,小字雙行二十二字
白口,單魚尾,左右雙邊
框高 17.9 厘米,寬 13.1 厘米;開本高 25.1 厘米,寬 15.8 厘米
韋縠《自叙》
汪文珍《後》[清康熙四十三年(1704)](殘缺)
版心下鎸"垂雲堂"
備注:有朱、墨筆圈點及批注。
集 4324/4047.2

517
**唐人萬首絶句選七卷**
(宋)洪邁纂　(清)王士禛選
清康熙玉壺堂刻本
一册(一函)
十行十九字
黑口,單魚尾,左右雙邊
框高 16.5 厘米,寬 13.4 厘米;開本高 26.5 厘米,寬 17.6 厘米

王士禛《序》

書名頁鎸“唐人萬首絶句選/玉壺堂刊”

鈐有“吴郡横山陽人錢榮高號子欣所藏經籍”朱文方印、“元和錢子欣鑒賞之章”白文長方印

集 4324/3434

518

**唐詩鼓吹十卷**

(元)郝天挺注　(明)廖文炳解

清初敬儀堂刻本

二册(一函)

十一行二十一字,小字雙行同

黑口,單魚尾,左右雙邊

框高 19.1 厘米,寬 14 厘米;開本高 26.5 厘米,寬 17 厘米

錢謙益《序》(序作者名“錢謙益”被塗黑)

書名頁鎸“元本較定/唐詩鼓吹注解/敬儀堂藏板”

鈐有“挹香草堂”朱文方印

備注:有朱筆圈點、眉批。

集 4324/1047

519

**唐詩正聲二十二卷**

(明)高棅編

明嘉靖三年(1524)華氏刻本

一册(一函)

存十卷(一至十)

十行二十一字,小字雙行同

黑口,單魚尾,左右雙邊

框高 18.8 厘米,寬 13 厘米;開本高 26.6 厘米,寬 16.4 厘米

黄鎬《序》[明成化十七年(1481)]

胡纘宗《序》[明嘉靖三年(1524)]

備注:胡纘宗《序》末鎸“監生華慶玄刻/學生徐玄度校”。有朱筆圈點。

集 4324/0042(4)

520

**唐詩正聲二十二卷**

(明)高棅編

明刻本

十册(一函)

九行十八字,小字雙行同

白口,單魚尾,左右雙邊

框高 18.9 厘米,寬 13.8 厘米;開本高 22.8 厘米,寬 15 厘米

高棅《序》

鈐有“真州吴氏有福讀書堂藏書”朱文方印、“新日吉藏”朱文方印

集 4324/0042(3)

521

**唐詩品彙九十卷拾遺十卷**

(明)高棅編

明萬曆三十二年(1604)吴門許自昌刻本

二十二册(一函)

十行二十字,小字雙行同

白口,單魚尾,左右雙邊
框高 20.4 厘米,寬 13.8 厘米;開本高 28 厘米,寬 17.4 厘米
許自昌《重刻唐詩品彙序》[明萬曆三十三年(1605)]
高棅《序》[明洪武二十六年(1393)]
高棅《唐詩拾遺序》[明洪武三十一年(1398)]
鈐有“淮海省立圖書館藏書印”朱文方印、“放浪形骸之外”朱文方印
集 4324/0042.2

522
**唐詩品彙九十卷拾遺十卷**
(明)高棅編
明東海屠隆刻本(序、歷代名公叙論、詩人爵里詳節及總目均配抄補)
二十六册(五函)
八行十六字,小字雙行同
白口,單魚尾,四周單邊
框高 17.8 厘米,寬 12.8 厘米;開本高 27.8 厘米,寬 16 厘米
馬得華《序》
王偁《序》
林慈《序》[明洪武二十八年(1395)]
高棅《總序》[明洪武二十六年(1393)]
版心鎸刻工“詹賓”“李一”“李二”“李七”“世明”等
書名頁鎸“唐詩會解/翰苑校正無訛/品彙大全”
備注:有墨筆圈點、眉批。
集 4324/0042

523
**唐詩品彙九十卷拾遺十卷**
(明)高棅編
明刻本
十八册(三函)
十行二十字
白口,單魚尾,左右雙邊
框高 20.3 厘米,寬 13.7 厘米;開本高 24.3 厘米,寬 15.4 厘米
高棅《序》[明洪武二十六年(1393)]
張恂《重訂唐詩品彙序》
王偁《序》[明洪武二十七年(1394)]
鈐有“味根居義”白文方印、“幽蘭真隱”朱文長方印
書首、書末有知止叟題識
集 4324/0042(2)

524
**唐詩解五十卷爵里一卷**
(明)唐汝詢選釋
清順治十六年(1659)萬笈堂刻本
二十四册(四函)
九行十九字,小字雙行同
白口,單魚尾,四周單邊
框高 21 厘米,寬 14.3 厘米;開本

高 24.2 厘米,寬 16 厘米
戴京曾《序》[清順治十六年(1659)]
毛先舒《序》
版心下鐫"萬笈堂"
書名頁鐫"唐仲言先生選釋/唐詩解/武林萬笈堂藏書"
備注:有朱筆圈點。
集 4324/0030

525
**唐詩選七卷**
(明)李攀龍選
明刻朱墨套印本
七册(一函)
八行十九字,小字雙行同
白口,無魚尾,四周單邊
框高 21.2 厘米,寬 14.6 厘米;開本高 26.5 厘米,寬 16.7 厘米
鈐有"趙恩館"白文橢圓印、"四明趙氏樂天樓鑒藏書畫"朱文長印、"樂天居士趙安浩字恩館所藏書畫圖記"朱文方印
集 4324/4040

526
**唐詩絕句類選三卷補唐詩絕句一卷總評一卷人物一卷**
(明)敖英選輯
明吴興凌氏刻三色套印本
四册(一函)
八行十九字
白口,無魚尾,四周單邊
框高 20.2 厘米,寬 15 厘米;開本高 29.5 厘米,寬 18 厘米
施扆賓《唐七言絶選叙》
凌雲《七言絶選引》
敖英《唐詩絶句類選序》
敖英《唐詩絶句總評》
鈐有"樹英圖書館章"白文方印、"浙東朱遂翔五十以後所見善本"朱文方印、"凌雲私印"白文方印
備注:金鑲玉裝。
集 4324/5844

527
**删補唐詩選脈箋釋會通評林六十卷**
(明)周珽集注　(明)陳繼儒批點
明刻本
十六册(二函)
十行十八字,小字雙行同
白口,無魚尾,左右雙邊
框高 21.8 厘米,寬 14.6 厘米;開本高 26.6 厘米,寬 17 厘米
陳繼儒《唐詩選脉會通叙》[明崇禎八年(1635)]
陳仁錫《唐詩選脉會通序》[明崇禎三年(1630)]
版心下鐫字數
書名頁鐫"海昌周青羊先生輯定/唐詩選脉會通/本衙藏板"
鈐有"讀易草堂"白文方印、"古今評林"朱文方印
備注:書名頁天頭朱筆題"澹齋先生原編"。上下兩欄,上欄鐫評。
集 4324/7712

528

**御選唐詩三十二卷目録三卷**

（清）聖祖玄燁選　（清）陳廷敬等輯注

清康熙五十二年（1713）内府刻朱墨套印本

十五册（三函）

七行字數不等，小字雙行字數不等

白口，單魚尾，四周雙邊

框高 18.8 厘米，寬 12.7 厘米；開本高 27 厘米，寬 16 厘米

清聖祖玄燁《御製序》［清康熙五十二年（1713）］

鈐有"體元主人"朱文圓印、"萬幾餘暇"白文方印

集 4324/0094

529

**唐詩韻彙三十卷**

（清）施端教輯

清康熙刻本

三十九册（五函）

十一行二十一字

白口，單魚尾，左右雙邊

框高 19 厘米，寬 14.3 厘米；開本高 26 厘米，寬 16.3 厘米

黄廷才《序》

俞綬《序》

查繼佐《序》

陳璜《序》

黄廷才《小序》

王度《序》

胡應麟《序》［清康熙二十年（1681）］

胡澂静《跋》

李士瑜《跋》

版心下鎸"嘯閣"

書名頁鎸"泗蠙施匪莪先生搜輯/唐詩韵彙/本衙藏板"

鈐有"先生詩文集唐百十餘卷/板因散失今謀構本重梓傳世/蔣趾麟識"朱文長方印、"嘯閣"朱文方印、"廣東肇陽羅道關防"滿漢文朱文方印

集 4324/0804

530

**中晚唐詩紀不分卷**

（清）龔賢編

清初鹿城龔氏刻本

十册（二函）

九行十九字

白口，無魚尾，左右雙邊

框高 18 厘米，寬 14.4 厘米；開本高 25.8 厘米，寬 16.8 厘米

龔賢《自序》

集 4324/0177

531

**全唐詩九百卷**

（清）曹寅等輯

清康熙内府刻本

一百二十册（十二函）

十一行二十一字，小字雙行字數不等

黑口,雙魚尾,左右雙邊
框高16.4厘米,寬11.7厘米;開本高22.7厘米,寬14.5厘米
清聖祖玄燁《御製全唐詩序》[清康熙四十六年(1707)]
鈐有"虞山景氏家藏"白文方印
集4324/5530

532
**全唐詩九百卷**
(清)曹寅等輯
清康熙内府刻本
一百二十册(十二函)
十一行二十一字,小字雙行字數不等
黑口,雙魚尾,左右雙邊
框高16.3厘米,寬11.5厘米;開本高22.4厘米,寬13.4厘米
清聖祖玄燁《御製全唐詩序》[清康熙四十六年(1707)]
鈐有"郎錦騮珍賞書畫印"朱文方印、"虞銘新印"白文方印、"稻香樓"朱文圓印、"郎錦騮章"白文方印、"徐石卿"朱文方印
書末有郎錦騮墨筆題跋:"此書得之鄴下,中缺十數頁,後從安陽許高峰家借得善本,倩湯陰蘇夢�代爲抄補完好。炳齋郎錦騮識,其時嘉慶丙寅六月十七日。"
集4324/5530(1)

533
**浣竹山堂選註四六排沙集十七卷**
(明)王焞選
明浣竹山堂刻本
十二册(二函)
十行二十字,小字雙行同
白口,無魚尾,四周單邊
框高20.6厘米,寬14.5厘米;開本高26厘米,寬16.3厘米
王焞《排沙集小引》
版心下鎸"浣竹山堂"
鈐有"趙氏鑒藏"朱文方印、"子猷"朱文方印
集4324/1090

534
**校正重刊官板宋朝文鑑一百五十卷目録三卷**
(宋)吕祖謙編
明弘治十七年(1504)鄱陽胡氏刻本
二十四册(四函)
十行二十字
白口,單魚尾,四周單邊
框高21.8厘米,寬14.6厘米;開本高26.7厘米,寬17.1厘米
胡拱辰《宋文鑑序》[明弘治十七年(1504)]
商輅《新刊宋文鑑序》[明天順八年(1464)]
胡韶《書宋文鑑後序》[明弘治十七年(1504)]
每卷卷端鈐有"寶應劉氏食舊德齋藏書記"朱文方印、"食舊德齋藏書"朱文方印、"寶應劉氏岳

雲字佛卿”白文方印

集 4325/6030

535

**辟疆園宋文選三十卷**

(清)顧宸選輯

清康熙十九年(1680)顧氏辟疆園刻本

三十六册(六函)

九行二十一字

白口,單魚尾,左右雙邊

框高 18.8 厘米,寬 14 厘米;開本高 26.2 厘米,寬 16.3 厘米

冒襄《新刊兩宋文選序》[清康熙十九年(1680)]

版心下鎸“辟疆園”

鈐有“冒襄辟疆私印”白文方印、“冒懷辛印”白文方印、“穀梁”朱文方印、“巢氏”朱文方印、“水繪庵老人”朱文方印、“吉州李緒家藏”朱文方印

護頁有冒廣生題識

集 4325/3130

536

**宋十五家詩選十五卷**

(清)陳訏輯

清康熙刻本

八册(一函)

十一行二十二字,小字雙行同

黑口,雙魚尾,左右雙邊

框高 19.3 厘米,寬 14.1 厘米;開本高 26.5 厘米,寬 16.8 厘米

陳訏《序》[清康熙三十二年(1693)]

鈐有“近齋氏”朱文方印

集 4325/7501

537

**中州集十卷首一卷中州樂府一卷**

(金)元好問編

明汲古閣刻本

十二册(一函)

八行十九字

白口,無魚尾,左右雙邊

框高 19 厘米,寬 13 厘米;開本高 25 厘米,寬 15.7 厘米

嚴永濬《序》[明弘治九年(1496)]

元好問《引》

張德輝《後序》

版心下鎸“汲古閣”

書名頁鎸“汲古閣原本/中州集/古松堂藏板”

集 4326/1047

538

**金詩選四卷**

(清)顧奎光編

清乾隆刻本

一册(一函)

十行十九字

白口,單魚尾,左右雙邊

框高 15.8 厘米,寬 13.5 厘米;開本高 25.7 厘米,寬 15.5 厘米

顧奎光《序》[清乾隆十六年(1751)]

集 4326/3160

539

**金詩選四卷**

(清)顧奎光編

清乾隆刻本

二册(一函)

十行十九字

白口,單魚尾,左右雙邊

框高 16 厘米,寬 13.2 厘米;開本高 24.8 厘米,寬 15.9 厘米

顧奎光《序》[清乾隆十六年(1751)]

集 4326/3160(1)

540

**元四家詩四種二十七卷**

(明)毛晋訂

明末汲古閣刻本

十六册(二函)

九行十九字

白口,無魚尾,左右雙邊

框高 18.8 厘米,寬 14.3 厘米;開本高 27.3 厘米,寬 17 厘米

范梈《楊仲弘詩序》[元致和元年(1328)]

版心下鎸"汲古閣"

鈐有"陳書崖讀書記"朱文方印、"天都陳氏承雅堂圖籍"朱文方印、"新安陳氏家藏之章"朱文長方印

備注:金鑲玉裝。

集 4327/2010

541

**元詩選二集(甲集至壬集)**

(清)顧嗣立編

清康熙秀野草堂刻本

十册(二函)

十三行二十三字,小字雙行字數不等

白口,雙魚尾,左右雙邊

框高 19 厘米,寬 15 厘米;開本高 25.2 厘米,寬 16.7 厘米

版心下鎸"秀野草堂"

版心鎸刻工"曾惟聖""鄧中""玉正""有恒""耀先"等

書名頁鎸"長洲顧俠君詮次/元詩選二集"

鈐有"盱眙王錫元蘭生收藏經籍金石文字印"白文方印

集 4327/3160

542

**元詩選六卷補遺一卷**

(清)顧奎光輯

清乾隆十六年(1751)刻本

四册(一函)

十行十九字

白口,單魚尾,左右雙邊

框高 16 厘米,寬 13.3 厘米;開本高 25 厘米,寬 15.6 厘米

顧奎光《叙》[清乾隆十六年(1751)]

陶瀚、陶玉禾《元詩總論》

備注:函套上題簽:"顧星五本元詩

選,癸丑正月火神廟肆所得,菉猗室倚榮書。范父。"

集 4327/3149

543

**元詩選六卷補遺一卷**

(清)顧奎光輯

清乾隆十六年(1751)刻本

六册(一函)

十行十九字

白口,單魚尾,左右雙邊

框高 16.4 厘米,寬 13.3 厘米;開本高 25.2 厘米,寬 15.4 厘米

顧奎光《叙》[清乾隆十六年(1751)]

陶瀚、陶玉禾《元詩總論》

集 4327/3149.2

544

**元詩篋衍集不分卷**

題(□)蝸軒硯北子選抄

清抄本(托裱後經折裝)

五册(無函套)

十行二十二字

無框格;開本高 32 厘米,寬 18.2 厘米

鈐有"徵明"朱文方印

備注:每卷首題"蝸軒硯北子鈔"。七言絶中録王冕《紅梅》詩,其"玄"字缺末筆,蓋避清聖祖之諱也。録姚文焕《題馮仲文畫秋亭野望》詩,其"玄"字又不避諱。

集 4327/5751

545

**谷音二卷**

(元)杜本輯

清汲古閣刻本

二册(一函)

八行十九字

白口,無魚尾,左右雙邊

框高 18.8 厘米,寬 13.5 厘米;開本高 28.8 厘米,寬 17 厘米

版心下鎸"汲古閣"

備注:金鑲玉裝。

集 4327/4450

546

**車書樓彙輯各名公四六爭奇八卷**

(明)許以忠選

明萬曆刻本

五册(一函)

九行十八字,小字雙行同

白口,單魚尾,四周單邊

框高 22.2 厘米,寬 15 厘米;開本高 25.8 厘米,寬 16.5 厘米

程堯功《鍥四六争奇序》[明萬曆四十八年(1620)]

備注:卷八末殘缺。

集 4328/0825

547

**車書樓精選名公四六篇篇錦十二卷**

(明)王世茂選注

明崇禎刻本

六册(一函)

八行二十字,小字雙行同
白口,單魚尾,四周雙邊
框高 21 厘米,寬 13.7 厘米;開本高 25.8 厘米,寬 16.2 厘米
陳王誥《四六篇篇錦序》[明崇禎三年(1630)]
書名頁鎸"麻城曾文石先生鑒定/四六篇篇錦/書林王荆岑督梓"
集 4328/1044

548
**車書樓彙輯旁註當代名公四六瑤函六卷首一卷**
(明)朱錦選輯
明刻本
四册(一函)
七行二十字,小字雙行同
白口,單魚尾,四周單邊
框高 21.2 厘米,寬 14.1 厘米;開本高 26.7 厘米,寬 16.3 厘米
王廷對《序》(殘缺)
集 4328/2582

549
**皇明文範六十八卷目録二卷**
(明)張時徹輯
明隆慶刻本
七册(一函)
存十卷(二十四至二十五、三十、三十二至三十三、三十八、四十、四十二、四十五至四十六)
十一行二十二字
白口,單魚尾,左右雙邊
框高 19.5 厘米,寬 14.4 厘米;開本高 28 厘米,寬 17.4 厘米
集 4328/1162

550
**新鎸國朝名儒文選百家評林十二卷**
(明)沈一貫輯
明末刻本
八册(一函)
十一行二十一字
白口,單魚尾,四周雙邊
框高 21.9 厘米,寬 14.5 厘米;開本高 26.5 厘米,寬 16.3 厘米
松麓山人《國朝文選評林引》
鈐有"曾歸徐氏疆記"朱文方印
備注:卷末鎸"萬曆丙戌葉任宇翻刻"。上下兩欄,上欄鎸注。
集 4328/3416

551
**山曉閣選明文全集二十四卷續集八卷**
(清)孫琮輯評
清康熙刻本
十六册(二函)
九行二十五字
白口,無魚尾,左右雙邊
框高 20.5 厘米,寬 12 厘米;開本高 21.7 厘米,寬 13 厘米
孫琮《選明文全集序》[清康熙十六年(1677)]
鈐有"塘野初中圖書"白文方印
集 4328/1213

552

**山曉閣選明文全集二十四卷續集八卷**

(清)孫琮輯評

清康熙刻本

八册(一函)

存二十四卷(山曉閣選明文全集二十四卷)

九行二十五字

白口,無魚尾,左右雙邊

框高 20.5 厘米,寬 12 厘米;開本高 23.8 厘米,寬 13.5 厘米

孫琮《選明文全集序》[清康熙十六年(1677)]

集 4328/1213.2

553

**國朝三家文鈔三十二卷**

(清)宋犖 (清)許汝霖選

清康熙三十三年(1694)刻本

十四册(二函)

十二行二十三字

黑口,單魚尾,左右雙邊

框高 18.3 厘米,寬 14.1 厘米;開本高 25.5 厘米,寬 16.3 厘米

宋犖《序》[清康熙三十三年(1694)]

許汝霖《序》[清康熙三十三年(1694)]

邵長蘅《後序》

集 4329/3099

554

**國朝詩別裁集三十二卷**

(清)沈德潜撰

清乾隆教忠堂刻本

十二册(二函)

十行十九字,小字雙行二十八字

白口,單魚尾,左右雙邊

框高 17.1 厘米,寬 13.7 厘米;開本高 26.5 厘米,寬 16.8 厘米

沈德潜《國朝詩別裁集序》[清乾隆二十五年(1760)]

版心下鐫"教忠堂"

集 4329/3423

555

**江左三大家詩鈔九卷**

(清)顧有孝輯

清康熙六年(1667)刻本

六册(一函)

十一行二十一字

白口,單魚尾,四周單邊

框高 18.1 厘米,寬 13.5 厘米;開本高 24.8 厘米,寬 15.7 厘米

趙澐《序》[清康熙六年(1667)]

書名頁鐫"江左三大家詩鈔/錢牧齋 吴梅村 龔芝麓"

鈐有"霞青曾觀"白文方印

集 433/3144

556

**江左三大家詩鈔九卷**

(清)顧有孝輯

清康熙六年(1667)刻本

六册(一函)

十一行二十一字
白口,單魚尾,四周單邊
框高 18.5 厘米,寬 13.3 厘米;開本高 25.5 厘米,寬 16.4 厘米
顧有孝《序》[清康熙六年(1667)]
趙澐《序》[清康熙六年(1667)]
書名頁鐫"江左三大家詩鈔/錢牧齋　吴梅村　龔芝麓"

集 433/3144.1

557

**嶺南三大家詩選二十四卷**

(清)王隼輯
清康熙六瑩堂刻本
八册(一函)
十行十九字
黑口,單魚尾,左右雙邊
框高 17 厘米,寬 13.6 厘米;開本高 25.5 厘米,寬 15.3 厘米
王煐《序》
版心下鐫"六瑩堂""道援堂""獨漉堂"

集 433/1020

558

**白沙風雅四卷**

(清)張達選輯
清雍正刻本
二册(一函)
九行二十一字
白口,無魚尾,左右雙邊
框高 17 厘米,寬 13.9 厘米;開本高 25.8 厘米,寬 16.4 厘米
張達《序》[清雍正十年(1732)]

集 433/1134

559

**新安文獻志一百卷目録二卷附先賢事略二卷**

(清)程敏政編
明弘治十年(1497)刻本
二十四册(四函)
十三行二十七字
白口,單魚尾,左右雙邊
框高 19 厘米,寬 13.3 厘米;開本高 28.8 厘米,寬 17.4 厘米
程敏政《新安文獻志序》[明弘治三年(1490)]
王宗植《跋》[明弘治十年(1497)]
程敏政《跋》[明弘治十年(1497)]
版心鐫刻工"黄杲""吴""淳""順""文漢"等
鈐有"研易樓藏書印"朱文方印、"沈氏粹芬閣所得善本書"白文方印
備注:卷末附"先賢之後尚義支架樂助工食人姓名"。

集 433/2681

560

**新安文獻志選紀篇八卷先賢事略一卷**

(清)程士械選
清稿本
四册(一函)

十行三十字
無框格;開本高 29.3 厘米,寬 15.3 厘米
程士棫《新安文獻志鈔選小引》[清康熙四十六年(1707)]
鈐有"程士棫印"朱文方印、"碧松翠林"白文方印
備注:金鑲玉裝。有朱筆圈點。
集 433/2644

561
**吴風二卷**
(清)宋犖選評
清康熙刻本
一册(一函)
十行十九字,小字雙行同
黑口,單魚尾,四周單邊
框高 18.3 厘米,寬 13.2 厘米;開本高 23.8 厘米,寬 16 厘米
集 433/3099

## 詩文評類

562
**文心雕龍十卷**
(南朝梁)劉勰撰　(明)鍾惺評
明萬曆刻本
一册(一函)
九行二十五字
白口,無魚尾,四周單邊
框高 20.7 厘米,寬 12.5 厘米;開本高 26.7 厘米,寬 14.6 厘米
曹學佺《序》[明萬曆四十年(1612)]
集 4431/7246

563
**文心雕龍十卷**
(南朝梁)劉勰撰　(清)黄叔琳輯注
清乾隆六年(1741)養素堂刻本
二册(一函)
九行十九字,小字雙行二十九字
白口,單魚尾,左右雙邊
框高 17.8 厘米,寬 11.3 厘米;開本高 22.3 厘米,寬 14.3 厘米
黄叔琳《序》[清乾隆三年(1738)]
卷端版心下鎸"養素堂"
書名頁鎸"文心雕龍輯注/養素堂藏板"
鈐有"學"白文方印、"渠"朱文方印、"政聲"朱文方印
集 4431/7246.7

564
**四溟詩話二卷**
(明)謝榛撰　(清)胡曾校訂
清乾隆十九年(1754)耘雅堂刻本
二册(一函)
十行二十字
白口,單魚尾,左右雙邊
框高 19.9 厘米,寬 14.5 厘米;開本高 25.5 厘米,寬 16.4 厘米
胡曾《序》[清乾隆十九年(1754)]
沈維材《跋》[清乾隆十九年(1754)]

版心下刻“耘雅堂”
書名頁鐫“謝茂秦先生著/四溟詩話/耘雅堂藏板”
鈐有“子茂讀過”朱文方印、“伯平所藏金石書籍記”朱文方印
集 4436/0445

565
**詩藪十八卷**
(明)胡應麟著
明萬曆刻本
二册(一函)
存六卷(内編六卷)
九行十八字
白口,單魚尾,四周單邊
框高 19.8 厘米,寬 13.9 厘米;開本高 26.7 厘米,寬 17.3 厘米
汪道昆《序》[明萬曆十八年(1590)]
版心上鐫“少室山房”
鈐有“師儉堂”白文方印
集 4436/4733

566
**野鴻詩的不分卷**
(清)黄子雲撰
清乾隆寫刻本
一册(與長吟閣詩集十卷合函)
九行十八字
白口,無魚尾,左右雙邊
框高 19.8 厘米,寬 14.3 厘米;開本高 25.2 厘米,寬 17.3 厘米
黄子雲《叙》[清乾隆二年(1737)]
版心下鐫“長吟閣”
集 4212.2/4411(2)

# 詞　類

567
**西樵語業不分卷**
(宋)楊炎正撰
明汲古閣刻本
一册(一函)
八行十八字
白口,無魚尾,左右雙邊
框高 18.7 厘米,寬 14.3 厘米;開本高 25.9 厘米,寬 16.8 厘米
毛晋《題識》
版心下鐫“汲古閣”
集 4282/4691

568
**宋名家詞五十一種**
(明)毛晋編
明末汲古閣刻本
二十四册(四函)
八行十八字
白口,無魚尾,左右雙邊
框高 19 厘米,寬 13.6 厘米;開本高 26.5 厘米,寬 17.1 厘米
夏樹芳《刻宋名家詞序》
版心下鐫“汲古閣”
序前鈐有“曉滄藏書”朱文方印
集 451224/2010

569
**宮詞不分卷**

(明)毛晋輯
明天啓緑君亭刻本
一册(一函)
八行十八字
白口,無魚尾,四周單邊
框高 20.1 厘米,寬 13.2 厘米;開本高 25.5 厘米,寬 17.1 厘米
毛晋《序》[明天啓五年(1625)]
版心下鎸"緑君亭"
集 45117/2021(2)

570
**詞林萬選四卷**
(明)楊慎編
明末汲古閣刻本
四册(一函)
九行二十字
白口,雙魚尾,左右雙邊
框高 17.8 厘米,寬 11.5 厘米;開本高 24.8 厘米,寬 15.9 厘米
任良榦《序》[明嘉靖二十二年(1543)]
毛晋《跋》
各册卷尾版心鎸"汲古閣　毛氏正本"
集 451224/4694

571
**草堂詩餘四卷**
題(明)武陵逸史(顧從敬)輯　(清)隱湖小隱訂
明末汲古閣刻本
四册(一函)
九行二十字
白口,雙魚尾,左右雙邊
框高 17.9 厘米,寬 12.1 厘米;開本高 24.4 厘米,寬 16 厘米
何良俊《序》[明嘉靖二十九年(1550)]
毛晋《跋》
各册卷尾版心鎸"汲古閣　毛氏正本"
備注:有朱筆圈點。
集 451225/3124

572
**草堂詩餘十六卷徐卓晤歌一卷雜説一卷**
(明)陳繼儒評選　(明)卓人月彙選　(明)徐士俊評
明末刻本
六册(一函)
九行二十字
白口,單魚尾,四周單邊
框高 20.3 厘米,寬 13.2 厘米;開本高 24.3 厘米,寬 15.8 厘米
陳繼儒《詩餘序》
何良俊《草堂詩餘序》
黄河清《續草堂詩餘序》
陳仁錫《續詩餘序》
楊慎《詞品序》
王世貞《詞評序》
錢允治《國朝詩餘序》
沈際飛《詩餘四集序》
沈際飛《詩餘别集序》

鈐有"愚齋圖書館藏"朱文方印、"國立交通大學圖書館藏"朱文長方印、"丙辰年查過"朱文圖記

備注:有墨筆圈點。

集 451224/7522

573

**草堂詩餘正集六卷別集四卷新集五卷續集二卷**

(明)顧從敬選　(明)沈際飛評

明末刻本

二十册(四函)

九行十九字,小字雙行同

白口,單魚尾,四周單邊

框高 20.1 厘米,寬 13.1 厘米;開本高 26.6 厘米,寬 16.2 厘米

備注:上下兩欄,上欄鎸評。

集 451224/3124(1)

574

**草堂詩餘正集六卷別集四卷新集五卷續集二卷**

(明)顧從敬選　(明)沈際飛評

明末刻本

六册(一函)

九行十九字,小字雙行同

白口,單魚尾,四周單邊

框高 20.1 厘米,寬 13.1 厘米;開本高 26.4 厘米,寬 16.7 厘米

秦士奇《草堂詩餘叙》

陳仁錫《詩餘序》

沈際飛《序草堂詩餘四集》

沈際飛《古香岑草堂詩餘四集發凡》

書名頁鎸"鎸古香岑批點草堂詩餘四集/一重訂正集　一搜采新集　一較訛别集　一精選續集/吴門童涌泉梓"

備注:上下兩欄,上欄鎸注。

集 451224/3124(2)

575

**詩餘圖譜三卷**

(明)張綖編輯　(明)毛晋訂正

明崇禎八年(1635)王象晋刻本

三册(一函)

九行十九字,小字雙行同

白口,無魚尾,左右雙邊

框高 18.9 厘米,寬 13.4 厘米;開本高 25.2 厘米,寬 16.3 厘米

王象晋《重刻詩餘圖譜序》[明崇禎八年(1635)]

王象晋《秦張兩先生詩餘合璧序》[明崇禎八年(1635)]

集 45312/1122

576

**昭代詞選三十八卷**

(清)蔣重光選輯

清乾隆三十二年(1767)經鋤堂刻本

十二册(二函)

十行二十字

黑口,單魚尾,左右雙邊

框高 17 厘米,寬 13.4 厘米;開本

高 25 厘米,寬 16 厘米
蔣重光《序》[清乾隆三十二年(1767)]
書名頁鐫"乾隆丁亥年新鐫/昭代詞選/經鋤堂藏板"
集 451225/4429

577
**昭代詞選三十八卷**
(清)蔣重光選輯
清乾隆三十二年(1767)經鋤堂刻本
十二册(二函)
十行二十字
黑口,單魚尾,左右雙邊
框高 16.6 厘米,寬 12.8 厘米;開本高 24.7 厘米,寬 15.6 厘米
蔣重光《序》[清乾隆三十二年(1767)]
書名頁鐫"乾隆丁亥年新鐫/昭代詞選/經鋤堂藏板"
備注:每卷末均鐫"金陵穆大展刻字"。
集 451225/4429(1)

578
**碎金詞譜六卷附録一卷**
(清)謝元淮輯
清道光二十四年(1844)刻朱墨套印本
六册(一函)
七行十七字,小字雙行二十二字
白口,單魚尾,四周雙邊
框高 21.6 厘米,寬 14.8 厘米;開本高 28.6 厘米,寬 17.6 厘米
謝元淮《序》[清道光二十三年(1843)]
陳方海《後序》[清道光二十四年(1844)]
備注:書根題"碎金詞譜"。
集 45312/0413

579
**碎金詞譜十四卷續譜六卷**
(清)謝元淮輯
清道光二十八年(1848)刻朱墨套印本
七册(二函)
六行十五字,小字雙行二十二字
白口,單魚尾,四周雙邊
框高 19.5 厘米,寬 13.4 厘米;開本高 29.5 厘米,寬 17.5 厘米
吴清鵬《碎金詞譜詞韵序》[清道光二十八年(1848)]
許喬林《序》[清道光二十八年(1848)]
陳方海《序》[清道光二十七年(1847)]
謝元淮《自序》[清道光二十七年(1847)]
書名頁鐫"道光戊申春月/碎金詞譜/本衙藏板",又"道光戊申秋月/碎金續譜/本衙藏板"
集 45312/0413(1)

580

**新定九宫大成南北宫詞譜八十一卷閏集一卷總目三卷**

(清)周祥鈺　(清)鄒金生撰

清乾隆十一年(1746)内府刻本

四十八册(六函)

七行十六字

白口,單魚尾,四周雙邊

框高22.8厘米,寬15.1厘米;開本高27.3厘米,寬17.5厘米

愛月居士《新定九宫大成序》[清乾隆十一年(1746)]

于振《序》[清乾隆十一年(1746)]

周祥鈺《新定九宫大成序》[清乾隆十一年(1746)]

鈐有"金山錢熙祚錫之氏守山閣藏書記"朱文長方印

集45322/7738

# 曲　類

581

**荊釵記十一卷**

(明)朱權撰

清乾隆抄本

四册(一函)

九行七字

無框格;開本高26.1厘米,寬14厘米

備注:毛裝。封頁殘破,題有"乾隆五十七年六月"字樣。上中下三欄。

集4523/0000

582

**忠孝傳雙名連環記□□卷**

(□)□□撰

清抄本

七册(一函)

存七卷(一至七)

十四行七字

無框格;開本高26厘米,寬19.4厘米

備注:第一卷末題"乾隆廿二年吉月吉日安□瑞宜堂世遷鈔録"。上中下三欄。

集452/0000(1)

583

**玉茗堂還魂記二卷**

(明)湯顯祖撰

清乾隆五十年(1785)快雨堂冰絲館刻本

二册(一函)

九行二十字

白口,無魚尾,四周單邊

框高21.3厘米,寬12.8厘米;開本高29.8厘米,寬18.4厘米

題快雨堂《冰絲館重刻還魂記叙》

題謔庵居士《批點玉茗堂牡丹亭叙》

題清遠道人《題詞》[明萬曆二十六年(1598)]

版心下鎸"冰絲館"

書名頁鎸"清暉閣原本/玉茗堂還魂記/乾隆乙巳年冰絲館增圖重梓"

備注:天頭鎸評。

集 45222/3663.2

584

**還魂記二卷**

(明)湯顯祖撰

明萬曆十六年(1588)刻本

二册(一函)

九行十九字

白口,單魚尾,左右雙邊

框高 22 厘米,寬 13.1 厘米;開本高 24.8 厘米,寬 16.3 厘米

湯顯祖《序》[明萬曆十六年(1588)](殘缺)

備注:上下兩欄,上欄鎸評。

集 45222/3663

585

**吴吴山三婦合評牡丹亭還魂記二卷附録一卷**

(明)湯顯祖撰　(清)陳同等評點

清康熙夢園刻本

二册(一函)

存二卷(牡丹亭還魂記二卷)

十行二十字

黑口,單魚尾,四周單邊

框高 21.2 厘米,寬 14.2 厘米;開本高 26.2 厘米,寬 16.3 厘米

林以寧《還魂記題序》[清康熙三十三年(1694)]

錢宜《還魂記序》[清康熙三十一年(1692)]

湯顯祖《牡丹亭還魂記題辭》[明萬曆十六年(1588)]

書名頁鎸"吴吴山三婦合評/新鎸綉像玉茗堂牡丹亭/夢園藏板"

備注:上下兩欄,上欄鎸評。

集 45222/3663(1)

586

**吴吴山三婦合評牡丹亭還魂記二卷附録一卷或問一卷**

(明)湯顯祖撰　(清)陳同等評點

清康熙刻本

六册(一函)

十行二十字

黑口,單魚尾,四周單邊

框高 17.4 厘米,寬 12.4 厘米;開本高 24.2 厘米,寬 15.9 厘米

林以寧《還魂記題序》[清康熙三十三年(1694)]

錢宜《還魂記序》[清康熙三十一年(1692)]

湯顯祖《牡丹亭還魂記題辭》[明萬曆十六年(1588)]

書名頁鎸"吴吴山三婦合評/牡丹亭/夢園藏書"

備注:上下兩欄,上欄鎸評。

集 45222/3663(2)

587

**新編目連救母勸善戲文三卷**

(明)鄭之珍編

明萬曆十年(1582)新安鄭氏高石山房刻本

三册(一函)

十行二十四字,小字雙行同

白口,單魚尾,四周單邊

框高 20.3 厘米,寬 13.4 厘米;開本高 28.9 厘米,寬 17.2 厘米

葉宗春《叙勸善記》[明萬曆七年(1579)]

陳昭祥《勸善記序》[明萬曆十年(1582)]

鄭之珍《序》[明萬曆十年(1582)]

倪道賢《讀鄭山人目連勸善記》[明萬曆十一年(1583)]

陳瀾汝《勸善記評》

胡天禄《勸善記跋》[明萬曆十年(1582)]

版心鎸刻工"黄鈁",陳昭祥序末鎸"歙邑黄鋌刻"

書名頁鎸"高石山房/新編目連救母勸善戲文/萬曆壬午孟秋吉旦綉梓"

集 45222/8731

588

**新編目連救母勸善戲文三卷**

(明)鄭之珍編

明萬曆十年(1582)新安鄭氏高石山房刻本

三册(一函)

十行二十四字,小字雙行同

白口,單魚尾,四周單邊

框高 20.3 厘米,寬 13.4 厘米;開本高 26.6 厘米,寬 15.4 厘米

葉宗春《叙勸善記》[明萬曆七年(1579)]

陳昭祥《勸善記序》[明萬曆十年(1582)]

鄭之珍《序》[明萬曆十年(1582)]

倪道賢《讀鄭山人目連勸善記》[明萬曆十一年(1583)]

陳瀾汝《勸善記評》

胡天禄《勸善記跋》[明萬曆十年(1582)]

版心鎸刻工"黄鈁",陳昭祥序末鎸"歙邑黄鋌刻"

書名頁鎸"高石山房/新編目連救母勸善戲文/萬曆壬午孟秋吉旦綉梓",又"高石山房/新編目連救母勸善戲文/萬曆孟冬訂訛增補"

集 45222/8731(1)

589

**新刻出像音註勸善目連行孝戲文三卷**

(明)鄭之珍編

明金陵富春堂刻本

三册(一函)

十行二十四字,小字雙行同

白口,單魚尾,四周單邊

框高 18 厘米,寬 11.7 厘米;開本高 22.8 厘米,寬 15.6 厘米

集 45222/8731.2

590

**徐文長四聲猿四卷**

(明)徐渭撰　(明)袁宏道評點

明末刻本

一册(一函)

九行二十字

白口,單魚尾,四周單邊

框高 21.4 厘米,寬 14.6 厘米;開本高 26.4 厘米,寬 16.7 厘米

鍾人傑《四聲猿引》

集 45212/2836

591

**新鐫古今大雅南宫詞紀六卷**

(明)陳所聞選　(明)陳邦泰輯

明萬曆三十三年(1605)刻本

四册(一函)

十行十九字至二十字不等

白口,無魚尾,四周單邊

框高 19 厘米,寬 13.7 厘米;開本高 24.6 厘米,寬 15.8 厘米

俞彦《題南宫詞紀》[明萬曆三十三年(1605)]

顧起元《序》

書名頁鎸"南九宫譜"

備注:上下兩欄,上欄鎸評注。

集 4524/7577

592

**廿一史彈詞十一卷**

(明)楊慎撰　(清)張三異增定　(清)張仲璜注

清康熙刻本

四册(一函)

九行二十四字,小字雙行同

黑口,單魚尾,四周單邊

框高 20 厘米,寬 12.2 厘米;開本高 28.3 厘米,寬 17.7 厘米

宋鳳翔《舊序》[明天啓三年(1623)]

張三異《注序》[清康熙十三年(1674)]

張三異《明紀彈詞序》

張仲璜《彈詞注序》[清康熙四十九年(1710)]

備注:毛裝。上下兩欄,上欄鎸評注。

集 4527/4694

593

**元宵會六卷**

(□)□□撰

清乾隆五十一年(1786)抄本

六册(一函)

十二行七字

無框格;開本高 24.8 厘米,寬 17.8 厘米

備注:卷六末題"乾隆五十一年桃月望録"。首有圖,殘破。毛裝。上中下三欄。

集 452/0000

594

**詞林逸響□□卷**

（明）許宇編
明刻本
一册（一函）
存一卷（雪卷）
九行二十二字
白口，無魚尾，四周單邊
框高 22.8 厘米，寬 13.4 厘米；開本高 27.3 厘米，寬 14.8 厘米
備注：修補過。
集 4524/0830

# 小説類

595
**東西兩晉演義十二卷西晉紀元傳一卷圖像一卷**
題（清）尺蠖齋評釋
明周氏大業堂刻本
十四册（二函）
十二行二十四字
白口，單魚尾，四周單邊
框高 18.4 厘米，寬 13.3 厘米；開本高 27.3 厘米，寬 16.5 厘米
□□《序》
備注：金鑲玉裝。
集 466/0000

596
**皋鶴堂批評第一奇書金瓶梅一百回大略一卷讀法一卷**
題（明）蘭陵笑笑生撰　（清）張竹坡評點
清康熙三十四年（1695）刻本
二十册（四函）
十一行二十二字
白口，無魚尾，四周單邊
框高 19.3 厘米，寬 14 厘米；開本高 22.7 厘米，寬 16.2 厘米
謝順《序》［清康熙三十四年（1695）］
書名頁鎸"康熙乙亥年/李笠翁先生著/第一奇書"
集 466/4478

597
**皋鶴堂批評第一奇書金瓶梅一百回大略一卷讀法一卷附木刻全圖像一卷**
題（明）蘭陵笑笑生撰　（清）張竹坡評點
清皋鶴堂刻本
三十三册（四函）
十一行二十二字
白口，無魚尾，四周單邊
框高 19.5 厘米，寬 13.5 厘米；開本高 24 厘米，寬 16 厘米
謝順《序》［清康熙三十四年（1695）］
書名頁鎸"彭城張竹坡批點/第一奇書金瓶梅/姑蘇原板　皋鶴草堂梓行"
備注：封頁題"吴氏壽石珍藏"。
集 466/4478（1）

598

**西遊真詮一百回八卷**

(明)吴承恩撰　(清)陳士斌詮解

清康熙合志堂刻本(有圖,回三配抄補三頁)

八册(二函)

十一行二十四字

白口,單魚尾,四周單邊

框高 21 厘米,寬 14.2 厘米;開本高 25.2 厘米,寬 16.1 厘米

尤侗《序》[清康熙三十五年(1696)]

書名頁鎸"聖嘆外書/悟一子參解/綉像西游記真詮　合志堂藏板"

集 466/6016

599

**四大奇書第一種六十卷首一卷目録一卷圖三卷**

(明)羅貫中撰　(清)毛宗崗評

清康熙刻本

二十二册(四函)

十二行二十六字,小字雙行同

白口,單魚尾,四周單邊

框高 18.8 厘米,寬 13.5 厘米;開本高 23.5 厘米,寬 15.5 厘米

金聖嘆《序》[清順治元年(1644)]

集 4661/6075

# 叢　部

## 雜纂類

600

**百川學海一百種**

(宋)左圭編

明末刻本

二十册(二函)

存八十種

九行二十字,小字雙行同

白口,單魚尾,左右雙邊

框高 19.9 厘米,寬 13.8 厘米;開本高 26.1 厘米,寬 18.5 厘米

子目:

宋景文公筆記三卷　(宋)宋祁撰

善誘文一卷　(宋)陳録撰

西疇老人常言一卷　(宋)何坦撰

欒城先生遺言一卷　(宋)蘇籀撰

東谷所見一卷　(宋)李之彦撰

鷄肋一卷　(宋)趙崇絇撰

畫墁録一卷　(宋)張舜民撰

碧雲騢一卷　(宋)梅堯臣撰

霏雪録一卷　(明)劉績撰

談藪一卷　(宋)龐元英撰

話腴一卷　(宋)陳郁撰

可談一卷　(宋)朱彧撰

前定録一卷　(唐)鍾輅撰

拊掌録一卷　(元)元懷撰

山房隨筆一卷　(元)蔣子正撰

文録一卷　(宋)唐庚撰

石林詩話三卷　(宋)葉夢得撰

六一居士詩話一卷　(宋)歐陽修撰

珊瑚鈎詩話三卷　(宋)張表臣撰

劉攽貢父詩話一卷　(宋)劉攽撰

後山居士詩話一卷　(宋)陳師道撰

許彦周詩話一卷　(宋)許顗撰

司馬温公詩話一卷　(宋)司馬光撰

竹坡老人詩話三卷　(宋)周紫芝撰

滄浪詩話一卷　(宋)嚴羽撰

米元章書史一卷　(宋)米芾撰

書斷四卷　(唐)張懷瓘撰

書評一卷　(南朝梁)袁昂撰

書譜一卷　(唐)孫過庭撰

續書譜一卷　(宋)姜夔撰
海岳名言一卷　(宋)米芾撰
寶章待訪録一卷　(宋)米芾撰
翰墨志一卷　(宋)高宗趙構撰
法帖刊誤二卷　(宋)黄伯思撰
法帖譜系二卷　(宋)曹士冕撰
歐公試筆一卷　(宋)歐陽修撰
古畫品録一卷　(南朝齊)謝赫撰
後畫品録一卷　(南朝陳)姚最撰
畫品一卷　(宋)李廌撰
畫史一卷　(宋)米芾撰
畫論一卷　(宋)郭思撰
紀藝一卷　(宋)郭若虚撰
硯譜一卷　(宋)李之彦撰
硯史一卷　(宋)米芾撰
端溪硯譜一卷
歙州硯譜一卷歙硯説一卷辨歙石説一卷
香譜二卷　(宋)洪芻撰
茶經三卷　(唐)陸羽撰
茶録一卷　(宋)蔡襄撰
試茶録一卷　(宋)宋子安撰
酒經一卷　(宋)蘇軾撰
酒譜一卷　(宋)竇苹撰
荔枝譜一卷　(宋)蔡襄撰
橘録三卷　(宋)韓彦直撰
南方草木狀三卷　(晋)嵇含撰
竹譜一卷　(晋)戴凱之撰
笋譜一卷　(宋)釋贊寧撰
菌譜一卷　(宋)陳仁玉撰
蔬食譜一卷　(宋)陳達叟撰
梅譜一卷　(宋)范成大撰
梅品一卷　(宋)張鎡撰
洛陽牡丹記一卷　(宋)歐陽修撰
天彭牡丹譜一卷　(宋)陸游撰
牡丹榮辱志一卷　(宋)丘璿撰
揚州芍藥譜一卷　(宋)王觀撰
海棠譜二卷　(宋)陳思撰
菊譜一卷　(宋)劉蒙撰
菊譜一卷　(宋)范成大撰
菊譜一卷　(宋)史正志撰
蟹譜二卷　(宋)傅肱撰
禽經一卷　(晋)張華注
肉攫部一卷　(唐)段成式撰
相鶴經一卷　(宋)王安石訂
相牛經一卷　(周)甯戚撰
耒耜經一卷　(唐)陸龜蒙撰
洛陽名園記一卷　(宋)李格非撰
岳陽風土記一卷　(宋)范致明撰
真臘風土記一卷　(元)周達觀撰
桂海虞衡志一卷　(宋)范成大撰
洞天福地記一卷　(唐)杜光庭撰

叢 5112/3113

601

**廣百川學海一百十種**

(明)馮可賓編
明末刻本
二十册(二函)
存八十四種
　九行二十字
　白口,單魚尾,左右雙邊
　框高 19.5 厘米,寬 13.6 厘米;開本高 26.2 厘米,寬 16.5 厘米
　馮可賓《序》
　子目:
　　甲集
　　聖學範圍圖説一卷　(明)岳元聲著
　　戊申立春考證一卷　(明)邢雲路著
　　正朔考一卷　(宋)魏了翁著
　　龍興慈記一卷　(明)王文禄撰
　　在田録一卷　(元)張定撰
　　肇基録一卷　(明)夏元吉撰
　　聖君初政記一卷　(明)沈文撰
　　逐鹿記一卷　(明)王禕著
　　東朝紀一卷　(明)王泌著
　　壟起雜事一卷　(明)楊儀述
　　椒宫舊事一卷　(明)王達著
　　造邦賢勛録略一卷　(明)王禕集
　　掾曹名臣録一卷　(明)王鴻儒著
　　明良録略一卷　(明)沈士謙著
　　乙集
　　從政録一卷　(明)薛瑄著
　　致身録一卷　(明)史仲彬撰
　　殉身録一卷　(明)裘玉撰
　　備遺録一卷　(明)張芹撰
　　平夏録一卷　(明)黄標撰
　　復辟録一卷　(明)楊瑄撰
　　建州女真考一卷　(明)天都山臣撰
　　夷俗記二卷　(明)蕭大亨纂
　　北征録一卷　(明)金幼孜撰
　　北征後録一卷　(明)金幼孜撰
　　北征記一卷　(明)楊榮著
　　使高麗録一卷　(宋)徐兢著
　　玉堂漫筆一卷　(明)陸深著
　　願豐堂漫書一卷　(明)陸深著
　　金臺紀聞一卷　(明)陸深著
　　制府雜録一卷　(明)楊一清撰
　　北虜紀略一卷　(明)汪道昆撰
　　丙集
　　翦勝野聞一卷　(明)徐禎卿著
　　觚不觚録一卷　(明)王世貞撰
　　溪山餘話一卷　(明)陸深著
　　清暑筆談一卷　(明)陸樹聲著
　　吴中故語一卷　(明)楊循吉撰
　　甲乙剩言一卷　(明)胡應麟著
　　三朝野史一卷　(元)吴萊著
　　熙朝樂事一卷　(明)田汝成輯
　　委巷叢談一卷　(明)田汝成輯
　　蜩笑偶言一卷　(明)鄭瑗撰
　　玉笑零音一卷　(明)田藝蘅撰
　　春雨雜述一卷　(明)解縉著
　　病榻寤言一卷　(明)陸樹聲著
　　褚氏遺書一卷　(南朝齊)褚澄撰

丁集
瀟湘録一卷　（唐）李隱撰
清尊録一卷　（宋）廉布撰
昨夢録一卷　（宋）康與之撰
就日録一卷　（宋）耐得翁撰
驚聽録一卷　（唐）皇甫枚撰
劇談録一卷　（宋）鄭景璧撰
解酲語一卷　（元）李材著
已瘧編一卷　（明）劉玉撰
耳目記一卷　（唐）張鷟撰
括异志一卷　（宋）魯應龍著
戊集
枕譚一卷　（明）陳繼儒撰
猥談一卷　（明）祝允明著
語怪一卷　（明）祝允明著
异林一卷　（明）徐禎卿著
群碎録一卷　（明）陳繼儒著
物异考一卷　（宋）方鳳著
真靈位業圖一卷　（南朝梁）陶弘景纂
己集
空同子一卷　（明）李夢陽撰
冥寥子游一卷　（明）屠隆著
廣莊一卷　（明）袁宏道著
貧士傳二卷　（明）黄姬水撰
長者言一卷　（明）陳繼儒著
香案牘一卷　（明）陳繼儒著
清言一卷　（明）屠隆著
續清言一卷　（明）屠隆撰
歸有園塵談一卷　（明）徐學謨著
偶譚一卷　（明）李鼎著
木几冗談一卷　（明）彭汝讓撰
金石契一卷　（明）祝肇著
庚集
考槃餘事十七卷　（明）屠隆著
岩栖幽事一卷　（明）陳繼儒撰
友論一卷　（明西洋）利瑪竇集
農説一卷　（明）馬一龍撰
山栖志一卷　（明）慎蒙撰
林水録一卷　（明）彭年抄
吴社編一卷　（明）王穉登撰
客越志一卷　（明）王穉登撰
雨航記一卷　（明）王穉登撰
荆溪疏一卷　（明）王穉登撰

叢 5112/3113(2)

602

**津逮秘書十五集一百四十四種**

（明）毛晋編
明崇禎十一年(1638)毛氏汲古閣刻本
一百五十三册(二十函)
存一百三十種
九行十八字，小字雙行同
白口，單魚尾，左右雙邊
框高 19.4 厘米，寬 13.2 厘米；開本高 26.1 厘米，寬 16.4 厘米
胡震亨《序》
毛晋《序》
陳函輝《毛詩津逮序》
版心下鎸"汲古閣"，間鎸"緑君亭"
鈐有"太倉陸潤之印"朱文方印
子目：

第一集

詩序辨説一卷　(宋)朱熹撰

毛詩草木鳥獸蟲魚疏廣要三卷　(存上、下卷)　(明)毛晋撰

詩傳孔氏傳一卷　(周)端木賜撰

詩考一卷　(宋)王應麟撰

詩説一卷　(漢)申培撰

詩地理考六卷　(宋)王應麟撰

詩外傳十卷　(漢)韓嬰著

爾雅注三卷　(宋)鄭樵注

第二集

京氏易傳三卷　(漢)京房撰　(三國吴)陸績注

經典釋文一卷　(唐)陸德明撰

關氏易傳一卷　(唐)趙蕤注

周易集解略例一卷　(三國魏)王弼撰

蘇氏易傳九卷　(宋)蘇軾撰

元包經數二卷　(北周)衛元嵩撰　(唐)蘇源明傳　(唐)李江注　(宋)章漢卿音釋

焦氏易林四卷　(漢)焦贛著

周易舉正三卷　(唐)郭京撰

易解十七卷　(唐)李鼎祚輯

麻氏道者正易心法一卷　(宋)陳摶受撰

第三集

通鑑地理通釋十四卷(存五至十四卷)　(宋)王應麟撰

小學紺珠十卷　(宋)王應麟撰

齊民要術十卷　(北魏)賈思勰撰

通鑑問疑一卷　(宋)劉羲仲撰

急就篇四卷　(唐)顔師古注

漢制考四卷　(宋)王應麟著

第四集

道德指歸論六卷(存四至六卷)　(漢)嚴遵撰

風后握奇經一卷　(漢)公孫弘解

通占大象曆星經二卷

古本葬經内篇一卷葬經翼一卷　(晋)郭璞著

青烏先生葬經不分卷　(金)兀欽仄注

耒耜經一卷　(唐)陸龜蒙撰

忠經一卷　(漢)馬融撰　(漢)鄭玄注

周髀算經二卷附音義一卷　(漢)趙爽注　(唐)李淳風等注釋　音義(宋)李籍撰

數術記遺一卷　(漢)徐岳撰

五木經一卷　(唐)李翱撰

黄帝宅經二卷

古文參同契集解三卷箋注集解三卷　(明)蔣一彪輯

女孝經一卷

墨經一卷　(宋)晁貫之撰

黄帝授三子玄女經一卷

第五集

全唐詩話六卷　(宋)尤袤撰

紫薇詩話一卷　(宋)吕本中撰

滄浪詩話一卷　(宋)嚴羽撰

彦周詩話一卷　(宋)許顗撰
續詩話一卷　(宋)司馬光撰
二老堂詩話一卷　(宋)周必大撰
法書要録十卷　(唐)張彦遠輯
第六集
東觀餘論二卷(存上卷)　(宋)黄伯思撰
廣川書跋十卷　(宋)董逌撰
宣和書譜二十卷　(宋)□□撰
第七集
圖畫見聞志六卷　(宋)郭若虚撰
歷代名畫記十卷　(唐)張彦遠撰
後畫録一卷　(唐)釋彦悰撰
古畫品録一卷　(南朝齊)謝赫撰
續畫品一卷　(南朝陳)姚最撰
續畫品録一卷　(唐)李嗣真撰
畫繼十卷　(宋)鄧椿撰
宣和畫譜二十卷　(宋)□□撰
畫史一卷　(宋)米芾撰
圖繪寶鑒六卷補遺一卷　(元)夏文彦纂
第八集
詩品三卷　(南朝梁)鍾嶸撰
益部方物略記一卷　(宋)宋祁撰
詩品二十四則一卷　(唐)司空圖撰
捫虱新話十五卷　(宋)陳善撰
風騷旨格一卷　(唐)釋齊己撰
歲華紀麗四卷　(唐)韓鄂撰
芥隱筆記一卷　(宋)龔頤正撰
玉蕊辨證一卷　(宋)周必大撰
冷齋夜話十卷　(宋)釋惠洪輯
西溪叢語二卷　(宋)姚寬輯
桯史十五卷附録一卷　(宋)岳珂著
泉志十五卷　(宋)洪遵撰
第九集
酉陽雜俎二十卷續集十卷　(唐)段成式撰
劇談録二卷　(唐)康駢撰
甘澤謡一卷附録一卷　(唐)袁郊撰
五色綫二卷　(宋)□□撰
却掃編三卷　(宋)徐度撰
誠齋雜記二卷　(元)林坤撰
輟耕録三十卷　(元)陶宗儀撰
琅嬛記三卷　(元)伊世珍輯
本事詩一卷　(唐)孟棨撰
第十集
洛陽伽藍記五卷　(北魏)楊衒之撰
大唐創業起居注三卷　(唐)温大雅撰
洛陽名園記一卷　(宋)李格非撰
老學庵筆記十卷　(宋)陸游撰
靈寶真靈位業圖一卷　(南朝梁)陶弘景撰
漢雜事秘辛一卷　(漢)□□撰

東京夢華録十卷　（宋）孟元老撰
玉堂雜記三卷　（宋）周必大撰
西京雜記六卷　（晋）葛洪撰
焚椒録一卷　（遼）王鼎撰
佛國記一卷　（南朝宋）釋法顯撰
唐國史補三卷　（唐）李肇撰
第十一集
搜神記二十卷　（晋）干寶撰
搜神後記十卷　（晋）陶潜撰
周氏冥通記四卷　（南朝梁）陶弘景撰
録异記八卷　（前蜀）杜光庭撰
稽神録六卷拾遺一卷　（宋）徐鉉著
异苑十卷　（南朝宋）劉敬叔撰
第十二集
東坡題跋六卷　（宋）蘇軾撰
山谷題跋九卷　（宋）黄庭堅撰
無咎題跋一卷　（宋）晁補之撰
石門題跋二卷　（宋）釋德洪撰
姑溪題跋二卷　（宋）李之儀撰
放翁題跋六卷　（宋）陸游撰
宛丘題跋一卷　（宋）張耒撰
淮海題跋一卷　（宋）秦觀撰
鶴山題跋七卷　（宋）魏了翁撰
第十三集
西山題跋三卷　（宋）真德秀撰
後村題跋四卷　（宋）劉克荘撰
海岳題跋一卷　（宋）米芾撰
容齋題跋二卷　（宋）洪邁撰
益公題跋十卷　（宋）周必大撰
元豐題跋一卷　（宋）曾鞏撰
魏公題跋一卷　（宋）蘇頌撰
水心題跋一卷　（宋）葉適撰
晦庵題跋三卷　（宋）朱熹撰
六一題跋十一卷　（宋）歐陽修撰
止齋題跋二卷　（宋）陳傅良撰
第十四集
樂府古題要解二卷　（唐）吴兢撰
紹興内府古器評二卷　（宋）張掄撰
揮麈前録四卷後録十一卷三録三卷餘話二卷　（宋）王明清輯
癸辛雜識前集一卷後集一卷續集二卷别集二卷　（宋）周密撰
第十五集
夢溪筆談二十六卷　（宋）沈括撰
湘山野録三卷續録一卷　（宋）釋文瑩著
春渚紀聞十卷　（宋）何薳撰
齊東野語二十卷　（宋）周密撰
茅亭客話十卷　（宋）黄休復撰
河南邵氏聞見前録二十卷　（宋）邵伯温著
河南邵氏聞見後録三十卷　（宋）邵博著
貴耳集三卷　（宋）張端義撰

備注：五集法書要録、十五集湘山野録有批校。十二集東坡題跋卷一至二破損嚴重。

叢 5112/2010

603

**合刻山海經水經五十八卷**

（漢）桑欽　（北魏）酈道元注　（明）吴琯編校

明萬曆十三年（1585）吴琯刻本

十六册（二函）

十行二十字

白口，單魚尾，左右雙邊

框高 21.2 厘米，寬 13.2 厘米；開本高 28.6 厘米，寬 19 厘米

方沆《序》

王世懋《重刻水經序》［明萬曆十三年（1585）］

黄省曾《刻水經序》［明嘉靖十三年（1534）］

鈐有"南宫葆真堂陳氏藏書畫印"朱文方印

子目：

山海經十八卷　（漢）桑欽注

水經四十卷　（北魏）酈道元注

叢 51/7787

604

**莊騷合刻二種**

（清）高秋月集説　（清）曹同春論正　（清）曹家擁　（清）曹鳳采重訂

清康熙二十九年（1690）刻本

四册（一函）

九行二十四字

白口，無魚尾，左右雙邊

框高 19.1 厘米，寬 11.1 厘米；開本高 25.4 厘米，寬 16.6 厘米

曹鍾浩《序》［清康熙二十九年（1690）］

曹家擁、曹鳳采《序》

曹同春《莊子釋意序》［清康熙二十八年（1689）］

曹同春《楚辭約注序》［清康熙二十八年（1689）］

子目：

莊子釋意三卷　（清）高秋月集説　（清）曹同春論證

楚辭約注不分卷　（清）高秋月刪定　（清）曹同春纂述

叢 51/0027

## 氏族類

605

**汪氏三先生集**

（清）汪懋麟輯

清康熙十八年（1679）刻本

六册（一函）

十一行二十一字

白口，雙魚尾，四周單邊

框高 19 厘米，寬 13.1 厘米；開本高 26.2 厘米，寬 16.5 厘米

孫枝蔚《汪氏家集敘》

徐乾學《環谷集序》[清康熙十八年(1679)]
胡士著《檗庵集序》[清康熙十八年(1679)]
吴綺《石西集序》[清康熙十八年(1679)]
書名頁鎸"檗庵環谷石西三先生合刻/汪氏家集/附崇禮堂詩　雙芝堂藏板"
子目:
環谷集八卷　(明)汪克寬撰
檗庵集二卷　(明)汪禔撰
石西集八卷　(明)汪子祜撰
叢 54/3140

# 書名筆畫字頭索引

## 一畫



## 二畫



## 三畫



## 四畫



## 五畫

## 六畫



## 七畫



## 八畫

## 九畫



## 十畫

## 十一畫



## 十二畫



## 十三畫

## 十四畫



## 十五畫



## 十六畫



## 十七畫

## 十八畫



## 十九畫



## 二十畫



## 二十一畫



## 二十二畫



## 二十三畫



## 二十四畫

# 書名筆畫索引

## 一畫



## 二畫



## 三畫

## 四畫

## 五畫

## 六畫



## 七畫

## 八畫

## 九畫

## 十畫

## 十一畫

## 十二畫



## 十三畫

## 十四畫



## 十五畫

## 十六畫



## 十七畫



## 十八畫



## 十九畫

## 二十畫



## 二十一畫



## 二十二畫



## 二十三畫



## 二十四畫